古代歷史文化研究輯刊

十三編

王 明 蓀 主編

第 10 冊

高氏荊南史稿（下）

曾育榮 著

國家圖書館出版品預行編目資料

高氏荊南史稿（下）／曾育榮 著 — 初版 — 新北市：花木蘭
文化出版社，2015〔民 104〕

目 4+148 面；19×26 公分

（古代歷史文化研究輯刊 十三編；第 10 冊）

ISBN 978-986-404-020-9（精裝）

1. 五代史

618   103026949

ISBN-978-986-404-020-9

9 789864 040209

古代歷史文化研究輯刊

十三編 第 十 冊   ISBN：978-986-404-020-9

高氏荊南史稿（下）

作　　　者　曾育榮
主　　　編　王明蓀
總 編 輯　杜潔祥
副總編輯　楊嘉樂
編　　　輯　許郁翎
出　　　版　花木蘭文化出版社
社　　　長　高小娟
聯絡地址　235 新北市中和區中安街七二號十三樓
　　　　　　電話：02-2923-1455／傳眞：02-2923-1452
網　　　址　http://www.huamulan.tw 信箱 hml810518@gmail.com
印　　　刷　普羅文化出版廣告事業
初　　　版　2015 年 3 月
定　　　價　十三編 27 冊（精裝）台幣 52,000 元

高氏荊南史稿（下）

曾育榮　著

目次

第六章　高氏荊南的外交

第一節　五代十國時期南方諸國的外交主張

　　五代十國時期，相對於北方而言，南方形勢總體上較爲穩定，各政權間的相互攻伐不是太多。這種局面的形成，是南方各國大多推行保境安民國策的結果。從保境之策的外交取向上來看，各國有其相通之處，即少有吞併鄰邦的戰略意圖。但在外交政策的具體內容上，因地緣條件的差異、政治利益的不同，各國又不盡一致。

一、吳、南唐的外交戰略

　　先來看吳的外交戰略。吳自楊行密創業，至其子楊渥在位，其轄區已達三十州，包括原唐代淮南道全境，江南西道東境和江南東道〔註1〕北境，四境之上有中原政權、高氏荊南、楚、南漢、閩與吳越。淮南政權的外交策略在領土不斷擴大的過程中，逐漸趨於完善和成型，其核心內容爲對抗中朝，交好南方諸國。

　　對於北方的中原政權，淮南採取的是對立之策。唐末伊始，楊行密即不服朱溫，視其爲寇讎，汴、淮早已勢不兩立。唐昭宗乾寧四年（897），汴軍大舉侵淮，十一月的清口（今江蘇盱眙縣西北）一役，遭吳軍重創，所謂「自古喪師之甚，無如此也」〔註2〕。「王自是保據江淮之間，汴人不能與我爭矣」〔註3〕。自古以來，守江必須守淮，失去淮南的屏蔽，江南勢難自全。清代

〔註1〕 江南東道，治今江蘇揚州市，轄境相當今江蘇長江以南，浙江、福建二省以及安徽歙縣、績溪、休寧、祁門、黟縣與江西婺源、玉山等縣地。
〔註2〕 《舊唐書》卷20上《昭宗紀》，第763頁。
〔註3〕 《十國春秋》卷1《吳一‧太祖世家》，第16頁。

著名學者顧炎武引用劉季裴之語曰：「清口之役，楊行密以三萬人當朱全忠八州之師，眾寡殊絕，而卒以勝者，扼淮以拒敵，而不縱敵以入淮故也。」〔註4〕天祐元年（904），為解鄂州之圍，朱全忠遣使詣行密，請捨鄂岳，復修舊好。楊行密答曰：「俟天子還長安，然後罷兵脩好。」〔註5〕明確擺出與朱全忠徹底決裂的姿態。後梁建立後，淮南仍行「天祐」年號，楊隆演建立吳國之初依然如此。乾化三年（913），後梁再次遣將進攻淮南，仍被打敗，此後，因忙於對付晉軍進攻，後梁再也無力南下，淮南與後梁間也不再有大的戰爭爆發，來自北方的威脅基本消除。天祐十六年（919）四月，楊隆演稱吳國王，建元武義，以示不復為唐朝之藩鎮，對抗中原王朝的政策，也一直沿而不改。如後唐莊宗攻佔汴州後，曾遣使告於吳，「唐使稱詔，吳人不受」，莊宗改用敵國之禮，曰「大唐皇帝致書於吳國主」，吳復書稱「大吳國主上大唐皇帝」。〔註6〕

　　對於相鄰的南方諸國，淮南從對抗中朝的目的出發，重在推行睦鄰政策，以聯合鄰邦，而明顯缺乏吞併南方諸國的意圖。淮南以鄂州為西境重鎮，控扼長江中游地區，並以此作為阻擋中原政權順江東下的要塞，也能藉此箝制高氏荊南與楚國。唐昭宗天祐二年（905）二月，楊行密攻拔其地。〔註7〕鄂州為長江中游重鎮，楊行密佔據這一地區，不但可以穩固全境形勢，有利於長江下游地區的安定，還可以威脅中原朝廷的襄陽、江陵，以及武安軍馬殷的勢力。楊行密很早就定下與馬殷互通有無的基調。馬殷之弟馬賨本孫儒部將，孫儒敗死後降於淮南。楊行密得其家世後，便禮送長沙，臨別宴請時說：「勉為吾合二國之懽，通商賈、易有無以相資。」〔註8〕馬賨自淮南遣歸後，曾勸馬殷與楊行密結好，馬殷雖然表面上斷然拒絕，但實際上已默任楊行密的致意。在對待高氏荊南的問題上，淮南雖屢次加兵於其境，卻無吞併之志，仍然以實施和好之策為主。後梁末帝乾化三年（913）至貞明三年（917），兩國交往頗為密切。〔註9〕後唐明宗天成二年（927）五月，高季興請求附於吳，

〔註4〕〔清〕顧炎武：《天下郡國利病書》第 8 冊《江寧廬安》，四部叢刊三編本，上海商務印書館 1935 年版，頁 32-1。
〔註5〕《資治通鑑》卷 264，唐昭宗天祐元年三月，第 8630 頁。
〔註6〕《資治通鑑》272，後唐莊宗同光元年十月，第 8903 頁。
〔註7〕《資治通鑑》卷 265，唐昭宣帝天祐二年二月，第 8641 頁。
〔註8〕《新五代史》卷 66《楚世家》，第 822 頁。
〔註9〕《資治通鑑》卷 268，後梁均王乾化三年九月，第 8776～8777 頁。同書卷 269，後梁均王貞明三年五月，第 8815 頁。

遭拒。〔註 10〕次年六月，高季興復請稱藩，吳進季興爵秦王。〔註 11〕不久，荊南又改奉後唐正朔，吳遣兵擊之，不克。兩國關係稍有不睦，卻也不見大規模戰事的發生。在與南面的南漢、閩交往時，未見淮南有兵戈相嚮之舉，實行的也應是和平相處的策略。

在與東面兩浙錢氏打交道時，楊行密與錢鏐於唐末曾經一度鬥得不可開交。唐昭宗天復二年（902）九月，楊行密同意錢鏐求婚的請求〔註 12〕，兩國關係漸趨緩和。後梁末帝貞明五年（919），吳越境內大旱，吳政權內部有人主張趁機出兵吳越，權臣徐溫則認為：「天下離亂久矣，民困已甚，錢公亦未易可輕；若連兵不解，方為諸君之憂。今戰勝以懼之，戢兵以懷之，使兩地之民各安其業，君臣高枕，豈不樂哉！多殺何為！」〔註 13〕次年八月，徐溫遣還吳越戰俘，錢鏐遣使請和，「自是吳國休兵息民，三十餘州民樂業者二十餘年」〔註 14〕。

再來看南唐的外交方略。吳天祚三年（937），權臣徐（知）誥受禪，改元昇元，建立南唐，是為南唐烈祖。

南唐依然以中原王朝為最大對手。烈祖嘗言：「今大敵在北，北方平，則諸國可尺書召之，何以兵為？」〔註 15〕為對付中原政權，「唐自烈祖以來，常遣使泛海與契丹相結，欲與之共制中國，更相饋遺，約為兄弟。然契丹利其貨，徒以虛語往來，實不為唐用也」〔註 16〕。這種策略雖然在聯兵攻擊中原政權上毫無效果，但一定程度上牽制了中原政權，使其不敢全力南下，有利於鞏固南唐的北部邊界，擴大南唐的政治影響。不過，終烈祖之世，從未尋釁於中原政權，仍以保守境土為最大目標。對此，王夫之嘗言：

> 當其時，石敬瑭雖不兢，而李氏諸臣求可為劉知遠、安重榮之敵者，亦無其人。……即令幸勝石氏，而北受契丹之勍敵，東啟吳越之乘虛，南召馬氏之爭起，外成無已之爭，內有空虛之害，江、淮互立於中以攖眾怒，危亡在旦夕之間，而誇功生事者誰執其咎乎？

〔註 10〕《資治通鑒》卷 275，後唐明宗天成二年五月，第 9005 頁。
〔註 11〕《資治通鑒》卷 276，後唐明宗天成三年六月，第 9020 頁。
〔註 12〕《資治通鑒》卷 263，唐昭宗天復二年九月，第 8583 頁。
〔註 13〕《資治通鑒》卷 270，後梁均王貞明五年七月，第 8847 頁。
〔註 14〕《資治通鑒》卷 270，後梁均王貞明五年八月，第 8849 頁。
〔註 15〕〔宋〕馬令：《南唐書》卷 1《先主書》，五代史書彙編本（第 9 冊），杭州出版社點校本 2004 年版，第 5264 頁。
〔註 16〕《資治通鑒》卷 290，後周太祖廣順二年二月，第 9475 頁。

故曰量力度德，自保之令圖也。〔註 17〕

對待南方諸國，因烈祖堅持「保境息民」之策，故能通好鄰邦，追求與鄰國間的相安無事。昇元六年（942），鑒於「江淮之地，頻年豐稔，兵食既足，士樂為用。天意人心，未厭唐德」〔註 18〕。大臣紛紛建議從楚、南漢入手拓展疆土，烈祖不以為是，對其時形勢有如下看法：

> 天下之勢，低昂如權衡。要當以河山為腹背，腹背奠，然後手足有所運。朕藉楊、徐遺業，撫有東夏。地勢未便，猶如繪事，窘於邊幅，雖有手筆，無所縱放。毛遂云：「錐未得處囊中故也，如得處囊中，則必穎脫而出矣。」我之所志，大有以似此。每思高祖、太宗之基緒，若墜冰谷。瘻人不忘起，盲人不忘視，以方我心未足以訓其勤。然所以不能躬執干戈，為士卒先者，非有所顧慴也，未得處囊中故也。〔註 19〕

在疆土的開拓上，就是否吞併吳越、閩、楚等國，烈祖亦自有主張，曾說：

> 錢氏父子，動以奉事中國為辭，卒然犯之，其名不祥。閩土險磽，若連之以兵，必半歲乃能下，恐所得不能當所失也。況其俗怙強喜亂，既平之後，彌煩經防。惟諸馬在湖湘閒（當為「間」），恣為不法，兵若南指，易如拾芥。孟子謂齊人取燕，恐動四鄰之兵。徒得尺寸地，而享天下之惡名，我不願也。孰若悉輿稅之入，君臣共為節儉，惟是不腆之圭幣，以奉四鄰之歡，結之以盟詛，要之以神明，四對之外，俾人自為守。是我之存三國，迺外以為蔽障者也。疆場之虞不警於外廷，則寬刑平政得以施之於統內，男不失秉耒，女無廢機織，如此數年，國必殷足。兵旅訓練，積日而不試，則其氣必倍。有如天啟其意，而中國忽有變故，朕將投袂而起，為天下倡。倘得遂北平潛竊，寧又（當為「乂」）舊邦，然後拱揖以招諸國，意雖折簡可致也，亦何以兵為哉。〔註 20〕

可見，烈祖根本不願加兵南方諸國，而之所以保留吳越、閩、楚三國，其意在於「以為蔽障者也」。烈祖還認為，輕舉兵革，屢興戰事，無益於民，所謂

〔註 17〕 《讀通鑒論》卷 30《五代下》，第 1071～1072 頁。
〔註 18〕 〔宋〕馬令：《南唐書》卷 1《先主書》，第 5264 頁。
〔註 19〕 《釣磯立談》，第 5010 頁。
〔註 20〕 《釣磯立談》，第 5011 頁。

「吾少長軍旅，見兵之爲民害深矣，不忍復言。使彼民安，則吾民亦安矣。又何求焉」！南漢遣使於唐，謀劃聯合攻楚之事，烈祖亦予以回絕，所以，「史言唐主能保境息民」〔註21〕。

南唐烈祖的外交主張，付諸實踐所取得的客觀效果是，「南唐與南漢、南平、後蜀同盟關係的建立，使李昇完成了一個雙環陣勢。南唐是這一陣勢的圓心，其外圍是中原及其盟友吳越、閩、楚；在這一同盟之外，是契丹、南漢、南平、後蜀等南唐盟友。牽一髮而動全身。南唐是這一平衡局面中的關鍵因素，這一陣勢既符合『遠交近攻』的傳統原則，又符合南唐自身的實力狀況。南唐利用這一平衡，爭取了恢復與發展的時間。一旦南唐克平中原，暫存以爲『障蔽』的吳越、閩、楚三國，便將處於南唐及其同盟的團團包圍之中，可『尺書而招之』」〔註22〕。

元宗李璟時期，用人不當，輔佐者多輕薄浮躁之徒，「於是南生楚隙，西結越釁，晚舉全國之力，而頓兵於甌閩堅壁之下。飛輓芻粟，徵發徭戍，四境之內，爲之騷然」〔註23〕。南唐漸致衰敗。

對於南唐未能一統中原，陸游至爲惋惜，曾言：

> 元宗舉閩、楚之師，境內虛耗。及契丹滅晉，中原有隙可乘，而南唐兵力國用，既已弗支，熟視而不能出，世以爲恨。予謂不然。唐有江淮，比同時割據諸國，地大力強，人材眾多，且據長江之險，隱然大邦也。若用得其人，乘閩、楚昏亂，一舉而平之，然後東取吳越，南下五嶺，成南北之勢，中原雖欲睥睨，豈易動哉！不幸諸將失律，貪功輕舉，大事弗成，國勢遂弱，非始謀之失，所以行之者非也。且陳覺、馮延魯輩用師閩、楚，猶喪敗若此，若北嚮而爭天下，與秦、晉、趙、魏之師戰于中原，角一旦勝負，其禍可勝言哉！〔註24〕

是爲一家之論，歷史自有評判，無復贅述。

二、前蜀、後蜀的外交原則

先說前蜀。王建時期，轄境已包括原唐代劍南道、山南西道全境，山南

〔註21〕《資治通鑑》卷282，後晉高祖天福六年四月及胡三省注，第9221～9222頁。
〔註22〕任爽：《南唐史》，東北師範大學出版社1995年版，第116頁。
〔註23〕《釣磯立談》，第5009頁。
〔註24〕〔宋〕陸游：《南唐書》卷2《元宗本紀》，第5484～5485頁。

東道西境與黔中道〔註 25〕北境、西境部分地域，與中原政權、高氏荊南、馬楚相接。前蜀、後蜀的外交原則一脈相承，其核心內容是不服中朝，自守其土。

自尊於巴蜀的王建，較早即與朱全忠交惡。史載：「及梁祖將謀強禪，建與諸藩同謀興復，乃令其將康晏率兵三萬會於鳳翔，數與汴將王重師戰，不利而還。」〔註 26〕後梁建立後，遣使者來告，王建拒而不納，甚至「馳檄四方，會兵討梁」〔註 27〕。雙方關係更爲僵化。後梁開平元年（907）九月，王建即皇帝位，國號大蜀。〔註 28〕與後梁平起平坐，行敵國之禮。後主王衍繼位期間，耽於享樂，國政日紊。後唐莊宗滅梁後，遣使告捷於蜀，蜀人皆惶懼不安，王衍致禮覆命，稱「大蜀國主致書上大唐皇帝」，詞理不遜。〔註 29〕這種不識時務的舉動，最終導致了前蜀的滅亡。

在與相鄰勢力交往時，王建不以爭城奪地爲務，志在守境。唐昭宗天復元年（901），王建力排眾議，反對出兵消滅鳳翔李茂貞，認爲：「吾所得已多，不俟復增岐下。茂貞雖常才，然名望宿素，與朱公力爭不足，守境有餘。韓生所謂入爲扞蔽，出爲席藉是也。適宜援而固之，爲吾盾鹵耳。」〔註 30〕依靠鳳翔以對抗朱全忠，無啻於爲前蜀設置了一道天然的屏障，王建保存鳳翔之舉遠較奪取其地更爲高明。此後，王建與李茂貞修好，並結爲婚姻。〔註 31〕

天復三年（903），王建在獲取荊南原管五州後，採納僚佐建議，「以瞿塘，蜀之險要，乃棄歸、峽，屯軍夔州」〔註 32〕。實際上，前蜀是以夔門之險作爲國之東門，無意揮師三峽以東地區。後梁乾化四年（914）八月，荊南與前蜀不睦，「峽上有堰，或勸蜀主乘夏秋江漲，決之以灌江陵，毛文錫諫曰：『高季昌不服，其民何罪！陛下方以德懷天下，忍以鄰國之民爲魚鼈

〔註 25〕黔中道，治今四川彭水苗族土家族自治縣，轄境約當今重慶彭水、綦江，湖北利川、建始等縣市以南，湖南沅陵、漵浦等縣以西，貴州銅仁、思南、遵義等縣市以北地區。唐昭宗大順元年（890）號爲武泰軍。

〔註 26〕《舊五代史》卷 136《王建傳》，第 1819 頁。

〔註 27〕《新五代史》卷 63《前蜀世家》，第 787 頁。

〔註 28〕《資治通鑑》卷 266，後梁太祖開平元年九月，第 8685 頁。

〔註 29〕《舊五代史》卷 136《王建傳附王衍傳》，第 1820 頁。

〔註 30〕《舊五代史》卷 136《王建傳》，第 1819 頁。

〔註 31〕《資治通鑑》卷 265，唐昭宗天祐元年七月，第 8634 頁。

〔註 32〕《資治通鑑》卷 264，唐昭宗天復三年十月，第 8619 頁。

食乎』」！〔註33〕王建乃止。

　　再說後蜀。後唐清泰元年（934）正月閏，劍南東西兩川節度使孟知祥稱帝於成都，建立後蜀。

　　後蜀孟昶繼位後，驕矜自大，敵視中朝。後蜀廣政四年（941）四月，後晉山南東道節度使安從進謀反，遣使奉表詣蜀，請出師金、商以爲聲援。孟昶召集群臣商議，臣僚均認爲，「金、商險遠，少出師則不足制敵，多則漕輓不繼」。蜀主遂辭之。〔註34〕後蜀之所以拒絕出兵聲援安從進，主要原因在於道路險遠，那麼，據此亦可知，後蜀並非無意攻打後晉，不過因地緣不便，無能施爲而已。後蜀廣政十八年（955），後周世宗派兵進攻後蜀，奪取秦、鳳、成、階諸州。兩年之後，「世宗以所得蜀俘歸之，昶亦歸所獲周將胡立于京師，因寓書于世宗，世宗怒昶無臣禮，不答」〔註35〕。這是後蜀不願屈居後周之下的例子。延及宋初，後蜀仍然不以中原政權爲意。

　　後蜀依舊以夔州爲控扼三峽的門戶，無意逾此而與東諸侯抗衡，故與楚、高氏荊南相安無事。

三、楚、吳越的外交政策

　　先看楚的對外政策。楚國極盛時，轄境包括原唐代江南西道西境、黔中道東境，和嶺南道西境的部分地域，介於南唐、高氏荊南、前後蜀、南漢之間。楚的對外政策的中心是奉事中朝，聯合高氏荊南、吳越、南漢對付淮南。

　　奉事中朝是楚外交政策的第一要義。唐末馬殷任武安軍節度使時，兵力寡弱，與楊行密、成汭、劉龑（即劉巖）等爲敵國，馬殷憂心不已，問策於其將高郁，高郁曰：「成汭地狹兵寡，不足爲吾患，而劉龑志在五管而已，楊行密、孫儒之仇，雖以萬金交之，不能得其懽心。然尊王仗順，霸者之業也，今宜內奉朝廷以求封爵而外誇鄰敵，然後退脩兵農，畜力而有待爾。」〔註36〕馬殷採納其議，開始修貢京師，這是該政權實施奉事中朝政策的起點。天祐元年（904），馬殷之弟馬賨勸馬殷與楊行密結好，馬殷斷然作色曰：「楊王不事天子，一旦朝廷致討，罪將及吾。汝置此論，勿爲吾禍！」〔註37〕仍然重申藩屬唐廷的主張。

〔註33〕《資治通鑑》卷269，後梁均王乾化四年八月，第8784頁。
〔註34〕《資治通鑑》卷282，後晉高祖天福六年四月，第9222頁。
〔註35〕《新五代史》卷64《後蜀世家》，第805頁。
〔註36〕《新五代史》卷66《楚世家》，第824頁。
〔註37〕《資治通鑑》卷265，唐昭宗天祐元年十二月，第8638頁。

朱梁代唐，馬殷立即遣使修貢。〔註38〕晉王李存勗平定河北，尚未及滅梁，馬殷就已「遣使通好」〔註39〕。後唐莊宗平蜀後，馬殷深恐大難將至，上表稱：「臣已營衡麓之間爲菟裘之地，願上印綬以保餘齡。」胡三省注曰：「馬殷言將致事而歸老於衡麓，聞蜀亡而懼也。」〔註40〕由此既可反映出中原王朝力量的加強，對於南方諸國的震動，更能表明馬殷奉事中朝政策的堅定與執著。

實際上，後梁太祖期間，馬殷曾以「天策上將軍」的名義，自署官吏，不貢徵賦。〔註41〕後唐明宗初年，馬殷獲封楚國王，乃用建國之制，設官分職，大興宮室，有同天子。其子馬希聲繼位後，稟承父命，「去建國之制，復藩鎮之舊」〔註42〕，重新稱臣於後唐。之所以楚甘願從王國體制退回到藩鎮體制的軌道上來，實則是寄望以稱臣中朝爲掩護，牽制淮南政權的進攻。

在稱臣中朝的同時，楚注重發展與鄰邦間的友好關係。雖然與他國間時有摩擦，但其主流仍然是和平。而高氏荊南的存在，對於馬楚的安危又有著極爲特殊的意義。天成三年（928）三月，楚於劉郎洑大敗高季興之後，主動放棄一舉攻下江陵的機會。其間因果，誠如楚將王環所言：「江陵在中朝及吳、蜀之間，四戰之地也，宜存之以爲吾扞蔽。」〔註43〕即視高氏荊南爲扞蔽中原王朝、吳、蜀兵鋒的緩衝之地。對此，王夫之認爲：「策之善者也」，「（高）季興雖存，不能復爲殷患，而委靡以苟存於吳、蜀、汴、洛之交，以間隔長沙而不受兵，故殷得以保其疆土」〔註44〕。其實「湖南、荊南輔車相依」〔註45〕的情形，一直到宋初仍然如此，所謂「北有荊渚，以爲唇齒」〔註46〕。楚與南面的南漢，自後梁太祖開平二年（908）九月，昭、賀、梧、蒙、龔、富〔註47〕

〔註38〕《新五代史》卷66《楚世家》，第823頁。
〔註39〕《資治通鑒》卷269，後梁均王貞明二年十二月，第8808頁。
〔註40〕《資治通鑒》卷274，後唐莊宗同光三年十一月及胡三省注，第8946頁。
〔註41〕《舊五代史》卷133《馬殷傳》，第1757頁。
〔註42〕《資治通鑒》卷277，後唐明宗長興元年十一月，第9052頁。
〔註43〕《資治通鑒》卷276，後唐明宗天成三年三月，第9015～9016頁。
〔註44〕《讀通鑒論》卷29《五代中》，第1050頁。
〔註45〕《資治通鑒》卷275，後唐明宗天成二年五月胡三省注，第9005頁。
〔註46〕《續資治通鑒長編》卷4，太祖乾德元年二月，第85頁。
〔註47〕昭州，治今廣西平樂縣西南，轄境相當今廣西平樂縣及恭城瑤族自治縣地。
　　　賀州，治今廣西賀縣東南賀街鎮，轄境相當今廣西賀縣、鍾山、富川等地。
　　　梧州，治今廣西梧州市，轄境相當今廣西梧州市、蒼梧縣地。
　　　蒙州，治今廣西蒙山縣東南二十里蒙江南岸，轄境相當今廣西蒙山縣地。
　　　龔州，治今廣西平南縣，轄境相當今廣西平南縣地。
　　　富州，治今廣西昭平縣，轄境相當今昭平縣地。

六州爲楚攻取後，亦少有兵戎之爭。蓋「土宇既廣」，馬殷至此始以「養士息民」爲治國之要，無心爭城奪地。〔註48〕兩國亦以聯姻方式鞏固相互關係，由此形成「世爲與國」〔註49〕的局面。楚與前後蜀並無爭端，即使與並不相鄰的閩、吳越，出於對付淮南的目的，楚亦採取聯合的方式，與之交往。

再來看吳越的對外策略。吳越的基本轄區即原唐代江南東道的浙東與浙西之地。吳越北面與西面皆爲淮南政權（吳、南唐）領地，感受到的壓力也比其他南方相鄰政權更大，故而其外交原則爲「尊崇中原，連橫諸藩，對抗淮南」。〔註50〕

吳越的事大政策亦頗有特點。唐末，針對董昌擅自稱帝的舉動，錢鏐即勸諭道：「與其閉門作天子，與九族、百姓俱陷塗炭，豈若開門作節度使，終身富貴邪！」〔註51〕此語可謂錢鏐奉行事大政策心跡的流露。唐昭宗天祐元年（904）四月，錢鏐求封吳越王，朝廷不許，時爲宣武等四鎮節度使的朱全忠從中斡旋，遂更封吳王。〔註52〕錢鏐對此自然心存感激，所以，至後梁初期，錢鏐仍謹奉朝廷，一心事主。曾有人勸錢鏐抗拒後梁，錢鏐答曰：「吾豈失爲孫仲謀邪！」〔註53〕鎮海節度判官羅隱亦曾勸說錢鏐舉兵討梁，曰：「縱無成功，猶可退保杭、越，自爲東帝；奈何交臂事賊，爲終古之羞乎！」錢鏐亦不用其言。〔註54〕依然奉後梁正朔，甚至不惜繞海道至大梁進貢，後梁末帝「嘉吳越王貢獻之勤」，「加鏐諸道兵馬元帥」〔註55〕。史籍亦稱：錢鏐「於梁室，莊宗中興以來，每來揚帆越海，貢奉無闕」〔註56〕。可見，事大政策確係吳越國策的重要內容。乃至「吳王及徐溫屢遺吳越王鏐書，勸鏐自王其國」。〔註57〕錢鏐亦極力拒絕。史籍又載：

〔註48〕《資治通鑑》卷267，後梁太祖開平二年九月，第8704頁。《十國春秋》卷100《荊南一·武信王世家》，第1428～1429頁。

〔註49〕《資治通鑑》卷290，後周太祖廣順元年十一月，第9468頁。

〔註50〕何勇強：《錢氏吳越國史論稿》，浙江大學出版社2002年版，第218頁。

〔註51〕《資治通鑑》卷260，唐昭宗乾寧二年二月，第8464頁。

〔註52〕《資治通鑑》卷264，唐昭宗天祐元年四月，第8632頁。

〔註53〕《新五代史》卷67《吳越世家》，第839頁。

〔註54〕《資治通鑑》卷266，後梁太祖開平元年四月，第8676頁。

〔註55〕《資治通鑑》卷269，後梁均王貞明二年七月，第8803頁。

〔註56〕《舊五代史》卷133《錢鏐傳》，第1771頁。

〔註57〕《資治通鑑》卷270，後梁均王貞明五年八月，第8849頁。

天祐以後，中原多事，西川王氏稱蜀，邗溝楊氏稱吳，南海劉氏稱漢，長溪王氏稱閩，皆竊大號，或通姻戚，或達聘好，咸以龍衣玉冊泊書疏等勸王（錢鏐）自大。王嘗笑曰：「此兒輩自坐爐炭之上，而又踞我於上邪？吾以去僞平賊，承天子疇庸之命，至於封建車服之制，悉有所由，豈圖一時之利，乃隨波於爾輩也。」皆却之不納，而諸國之主無不咸以父兄事之。〔註58〕

不過，稱臣中原政權雖然不假，錢鏐卻亦非逆來順受之輩。後梁末帝貞明五年（919）九月，因南漢劉巖稱帝，「詔削奪劉巖官爵，命吳越王鏐討之。鏐雖受命，竟不行」。所謂「受命者，不逆梁之意；不行者，不肯自弊其力以伐與國；此割據者之常計也」〔註59〕。還有更甚此舉者，後梁末帝龍德三年（923），錢鏐被封爲吳越國王後，開始採用王國體制，儀衛名稱皆仿照天子制度。〔註60〕並且，「僭行制冊，加封爵於新羅、渤海，海中夷落亦皆遣使行封冊焉」〔註61〕。後唐明宗天成元年（926），錢鏐「以中國喪亂，朝命不通，改元寶正；其後復通中國，乃諱而不稱」〔註62〕。但錢鏐臨終前，囑其子傳瓘：「子孫善事中國，勿以易姓廢事大之禮。」〔註63〕另有史載，亦稱錢鏐遺訓中有下述內容：「凡中國之君，雖易異姓，宜善事之。」「要度德量力而識時務，如遇眞主，宜速歸附」〔註64〕。對此，胡三省曾分析道：「時中國率數年一易姓。錢鏐之意，蓋謂偏據一隅，知以小事大而已。苟中國有主，則臣事之，其自興自仆，吾不問也。」〔註65〕正因偏據一隅，生存環境險惡，臣事中朝成爲吳越用以制衡吳、南唐的法寶。所以，錢傳瓘襲位後，「以遺命去國儀，用藩鎮法」〔註66〕。自此之後，事大政策仍然是吳越對外交往的第一法則。長興元年（930），吳進攻荊南，明宗懷疑吳越參與其中，「因降詔詰之，元瓘等復遣使自淮南間道上表，云：……近知侵軼荊門，乖張事大，倘王師

〔註58〕 〔宋〕錢儼：《吳越備史》卷1《武肅王世家》，五代史書彙編本（第10冊），杭州出版社點校本2004年版，第6218頁。

〔註59〕 《資治通鑒》卷270，後梁均王貞明五年九月及胡三省注，第8849頁。

〔註60〕 《資治通鑒》卷272，後唐莊宗同光元年二月，第8880頁。

〔註61〕 《舊五代史》卷133《錢鏐傳》，第1768頁。

〔註62〕 《資治通鑒》卷275，後唐明宗天成元年十二月，第8997頁。

〔註63〕 《資治通鑒》卷277，後唐明宗長興三年三月，第9066頁。

〔註64〕 〔民國〕錢文選輯：《錢氏家乘》，上海書店影印本1996年版，第141頁。

〔註65〕 《資治通鑒》卷277，後唐明宗長興三年三月，第9066頁。

〔註66〕 《資治通鑒》卷277，後唐明宗長興三年三月，第9066頁。

之問罪，願率眾以齊攻，必致先登，庶觀後効」〔註 67〕。其輸誠之心，非比一般，明宗閱其表，允許吳越恢復朝貢關係。

吳越奉行事大政策，其著眼點在於對抗淮南政權。但兩者間的關係，並非不可救藥。實際上，自唐末開始就已呈現緩和跡象。唐昭宗天復二年（902），錢鏐之子傳璙娶楊行密之女。〔註 68〕姻親關係的建立，使雙方的緊張氣氛有所鬆弛。「先是，王（楊行密）與錢氏不相能，常命以大索爲錢貫，號曰『穿錢眼』，兩浙亦歲以大斧科柳，謂之『斫楊頭』，至是二姓通昏，兩境漸睦焉」〔註 69〕。徐溫柄政淮南之際，兩國間的和好關係更加穩定，原因即在於「錢、徐之智力足以相制而不足相勝」〔註 70〕。

從對付淮南的戰略需要出發，吳越亦與閩、楚建立婚姻關係，旨在形成連橫之勢，牽制介於彼此之間的淮南政權。因與閩國接壤，兩國關係更爲密切，自後唐莊宗末年起，因王審知諸子相爭，閩國內亂不已，吳越一度成爲閩國政爭中失敗者的收容之地。兩國間的睦鄰友好關係，之所以能持久得以維繫，其間還有一個重要原因，此即吳越地處閩取道海上朝貢中原的必經之途。關於此點，胡三省嘗言：

> 自福建入貢大梁，陸行當由衢、信取饒、池界渡江，取舒、盧、壽渡淮，而後入梁境。然自信、饒至盧、壽皆屬楊氏，而朱、楊爲世仇，不可得而假道，故航海入貢。今自福州洋過溫州洋，取台州洋過天門山入明州象山洋，過淛江，掠洌港，直東北渡大洋抵登、萊岸，風濤至險，故沒溺者眾。〔註 71〕

四、閩、南漢的外交線路

先看閩國的外交線路。閩王審知在位時，奄有原唐代福建觀察使所轄全境，毗鄰政權有吳越、吳和南漢。閩國也以事大政策爲其軸心，並與吳越形成穩固的同盟關係，與南漢亦以交好爲主，目的依然是對付北面的淮南政權。

王審知在位時，「致君愈勤，述職無怠，萬里輸貢，川陸不繫其賒；一心

〔註 67〕　《舊五代史》卷 133《錢鏐傳》，第 1770 頁。
〔註 68〕　《資治通鑑》卷 263，唐昭宗天復二年九月，第 8584 頁。
〔註 69〕　《十國春秋》卷 1《吳一‧太祖世家》，第 26 頁。
〔註 70〕　《資治通鑑》卷 274，後唐明宗天成元年三月三省注，第 8971 頁。
〔註 71〕　《資治通鑑》卷 267，後梁太祖開平三年九月胡三省注，第 8717 頁。

尊戴，風雨不改其志」〔註72〕。在淮南尚未吞併江西時，淮南與閩並非鄰邦，爲與閩結盟，淮南曾遣使者張知遠出使福建，「知遠倨慢，閩王審知斬之，表上其書，始與淮南絕」〔註73〕。事大政策更爲堅定。及至後唐同光四年（926），審知之子王延翰繼位後，因「中國多故」，遂建國稱王，但是「猶稟唐正朔」〔註74〕。不過，閩尊崇中原的政策，一度有所中斷。王延鈞在位時，其向後唐請求：「錢鏐卒，請以臣爲吳越王；馬殷卒，請以臣爲尚書令。」〔註75〕未獲許可，王延鈞遂於後唐明宗長興四年（933）正月，「即皇帝位，國號大閩」〔註76〕，正式走上建國稱帝的道路。然而，斷絕後唐朝貢的行爲，立即招致兵戎，吳信州刺史蔣延徽引兵攻建州。因此，王昶於後唐末帝清泰三年（936）三月襲位後，仍上奏朝廷，所謂「是時延鈞父子雖僭竊於閩嶺，猶稱藩於朝廷，故有是奏」〔註77〕。後晉高祖天福二年（937），王昶又遣使朝貢京師。〔註78〕重新恢復稱臣於中朝的措施。

在南方諸國中，閩最爲注重發展與吳越的盟友關係，兩國關係之緊密非同一般。早在唐末，正是通過錢鏐的上奏，王潮才被唐廷授予「本道廉察及泉州符印偕命」〔註79〕。後梁末帝貞明二年（916），「吳越牙內先鋒都指揮使錢傳珦逆婦於閩，自是閩與吳越通好」〔註80〕。兩年之後，吳遣將進攻虔州，閩與吳越、楚聯合出兵援助譚全播。〔註81〕這種鞏固的盟友關係，持續時間甚長，在閩國後期無休止的內亂中，往往有政爭中的失意者投奔吳越。即便王延鈞建國稱帝期間，也是「自以國小地僻，常謹事四鄰」〔註82〕，與吳越的友好關係依然如故。

〔註72〕 〔清〕王昶：《金石萃編》卷125，錢昱：《福州重修忠懿王廟碑》，中國書店影印本1985年版，頁12～1。

〔註73〕 《資治通鑒》卷267，後梁太祖開平三年九月，第8716～8717頁。

〔註74〕 《新五代史》卷68《閩世家》，第847頁。

〔註75〕 《資治通鑒》卷266，後唐明宗長興三年六月，第9073頁。另，《新五代史》卷68《閩世家》載其語爲：「楚王馬殷、吳越王錢鏐皆爲尚書令，今皆已薨，請授臣尚書令。」第848頁。稍異於《通鑒》。

〔註76〕 《資治通鑒》卷278，後唐明宗長興四年正月，第9081頁。

〔註77〕 《舊五代史》卷48《唐末帝紀下》，第658頁。

〔註78〕 《新五代史》卷68《閩世家》，第850頁。

〔註79〕 《金石萃編》卷125，錢昱：《福州重修忠懿王廟碑》，頁11～2。

〔註80〕 《資治通鑒》卷269，後梁均王貞明二年十二月，第8808頁。

〔註81〕 《資治通鑒》卷270，後梁均王貞明四年七月，第8833頁。

〔註82〕 《資治通鑒》卷278，後唐明宗長興四年正月，第9081頁。

閩與東境的南漢，大致都以邊境無虞爲目標，少有戰事。

再來看南漢的外交策略。南漢轄境爲原唐代嶺南道大部分地區，與閩、楚、南唐接壤。在對外交往上，南漢恥於稱臣中朝，與馬楚、閩聯繫頻繁。

南漢的建立者劉隱曾於唐末向朱全忠「遣使持重賂以求保薦」〔註83〕，故後梁初期，仍能謹事中原政權。及至劉巖嗣位不久，臣屬中朝的政策明顯發生改變。後梁末帝貞明元年（915）十二月，因吳越王錢鏐被冊封爲吳越國王，而自己仍爲南平王，故劉巖表請加封南越王及加都統，未得後梁許可。劉巖謂其僚屬曰：「今中國紛紛，孰爲天子！安能梯航萬里，遠事僞庭乎！」〔註84〕自是貢使遂絕。貞明三年（917）八月，劉巖於廣州稱帝，定國號爲大漢，改元乾亨。〔註85〕同年十月，劉巖「遣客省使劉瑭使於吳，告即位，且勸吳王稱帝」〔註86〕。後唐莊宗滅梁後，劉巖以何詞來聘，意在窺探後唐虛實，其表稱「大漢國主致書上大唐皇帝」，「時朝政已紊，莊宗亦不能以道制御遠方，南海貢亦不至，自是與中國遂絕」〔註87〕。劉巖偏霸嶺表，自視甚高，「常謂中國天子爲『洛州刺史』」，胡三省注曰：「以中國天子都洛陽，洛陽之地，蓋本洛州刺史所治也。言其政令不能及遠，特昔時洛州刺史之任耳。」〔註88〕即此可知南漢對中原政權之不屑。

雖說地僻海濱的南漢，與中原關山萬重，江河無限，不太在意來自於中原政權的威脅，但爲自立一方，南漢亦推行交好鄰道之策，不啓釁於鄰邦。在擊退虔州〔註89〕盧全播的入侵之後，劃大庾嶺自守，與吳、南唐各得其所；只是在南唐趁滅楚之勢，進犯郴州時，才以逸待勞，打敗長途奔襲的敵軍。南漢與閩互不侵犯，縱使閩國陷入內亂、行將敗亡之際，也未派兵深入其境。與南漢屢有爭戰者，惟楚而已，爲爭奪桂管〔註90〕和郴州，兩國曾屢啓兵端。後梁末帝乾化三年（913）十月，「劉巖求婚於楚，楚王許以女妻之」〔註91〕，

〔註83〕　《舊五代史》卷135《劉陟傳》，第1807頁。
〔註84〕　《資治通鑑》卷269，後梁均王貞明元年十二月，第8799頁。
〔註85〕　《舊五代史》卷135《劉陟傳》，第1808頁。
〔註86〕　《資治通鑑》卷270，後梁均王貞明三年十月，第8821頁。
〔註87〕　《舊五代史》卷135《劉陟傳》，第1808頁。
〔註88〕　《資治通鑑》卷283，後晉高祖天福七年四月及胡三省注，第9236頁。
〔註89〕　虔州，治今江西贛州市，轄境相當今江西贛縣以南的贛江流域。
〔註90〕　桂管，唐嶺南五管之一，爲嶺南西道桂管經略觀察使簡稱，領桂、梧、賀、連、柳、富、昭、蒙、環、古、思唐、龔十四州，轄境相當今廣西東部地。
〔註91〕　《資治通鑑》卷268，後梁均王乾化三年十月，第8777頁。

和親使兩國在較長時間內保持和平局面。及至楚亡,南漢方盡取桂管和郴州。

　　總而言之,南方諸國無不推行保境安民的政策,但由於地緣關係的差別和各自政治利益的不同,致使外交政策的具體內容亦不盡相同。或為對付中朝,或為對付淮南,各國都極盡所能,交結鄰邦,形成彼此牽制、相互制衡的政治地理格局。這種格局是唐末以來南方軍閥長期血戰而成,每個置身其中的政權,都是這個複雜系統中的構成部分,任何一方的存亡得失,注定會對整體的均衡局勢產生震蕩,甚至造成不可估量的影響。如閩、楚的相繼敗亡,削弱了南唐實力,南唐收復中原的夢想化為泡影,南方政治地理格局的微妙變化,由此顯現出來,南方與中原政權保持多年的均勢,亦隨之被打破,南北力量對比的天平悄然傾向於北方。即此而論,南方割據局面的形成與維繫,前提條件是中原政權的衰弱不振,一旦中原政局穩定,南方諸國無不感到震驚。如後唐莊宗滅梁後,不僅楚、南漢、高氏荊南,忽忙遣使入貢或朝覲,就是吳、蜀,也是「二國皆懼」〔註92〕。自後周至宋初,中原政權日益強大,南方諸國賴以存在的先決條件亦相應喪失,利用外交以保全其國的做法,也失去了立足的根基,各國被捲入統一的洪流,已經是時間先後的問題,而不再是安全、存在的與否。宋太祖建隆三年(962)十月,湖南張文表的叛亂,為宋初拉開統一戰爭的大幕提供了難得的契機,南方各國隨後次第納入趙宋王朝版圖,自唐末以來的分裂割據局面就此結束。

第二節　高氏荊南的事大政策

　　高氏荊南外交的立足點在於奉行事大政策,亦即尊崇中原王朝,此點與南方未曾稱帝建國的諸政權,普遍執行此種政策,頗相一致。但與其他政權相比,高氏荊南自始至終都保留藩鎮體制,從未公開實施王國體制,故其事大政策更為突出。雖然其間事大政策屢有中斷,但為時不是太長,總體上來講,事大政策是高氏荊南立國的根本性政策,特別是後周以後,迫於中原政權力量的日益強大,高氏荊南推行事大政策尤為用力。事大政策的具體內涵即稱臣於中朝,奉其命令,修其職貢。中原政權既視之為藩臣,亦不時加官授爵於高氏五主。憑藉事大政策所包含的政治象徵意義,高氏荊南得以抗衡吳、南唐、楚,有利於自全其境。

〔註92〕《資治通鑑》卷272,後唐莊宗同光元年十月,第8903頁。

一、事大政策的奉行與確立

　　唐代末年，在以求自保的藩鎮內，即已出現「禮藩鄰，奉朝廷，則家業不墜」〔註93〕的說法。對此，南方各地軍閥大多身體力行，如湖北的杜洪、江西的鍾傳與危全諷、湖南的馬殷、福建的王審知、兩浙的錢鏐，莫不如此。但未及五代，杜洪、鍾傳與危全諷就已滅絕。後梁建立之初，「惟河東、鳳翔、淮南稱『天祐』，西川稱『天復』年號；余皆稟梁正朔，稱臣奉貢」〔註94〕。馬殷、錢鏐與王審知仍然沿襲稱臣納貢中朝的做法，周旋於諸般勢力之間。高季昌本為朱全忠幹將，對朱全忠崇敬有加，稱臣後梁，自然不甘人後。〔註95〕開平元年（907）五月，後梁拜季昌荊南節度使。〔註96〕是月，季昌貢質狀百味的瑞橘數十顆於梁。〔註97〕高氏荊南的事大政策，即推行於此時。

　　具體來說，高氏荊南在奉行事大政策時，也歷經波折，中間還兩度出現改奉正朔的現象，並且還有臣屬於兩國的情形，一直到後漢隱帝在位年間，高氏荊南外交上的搖擺狀態才告中止，轉而對事大政策奉行不渝，延及後周、北宋，貢獻愈勤，臣節更著。

　　高氏荊南的事大政策，經歷了由推行至正式確立的過程，這一過程發軔於高季昌，其間迭有變化，至高從誨在位末年，事大政策才成為永久國策，終高氏荊南滅亡而不改。

　　高季昌在位時，事大政策的執行屢有反覆，其變化過程大致可分為如下四個階段：

　　第一階段，自後梁太祖開平元年（907）四月至後梁末帝乾化二年（912）十二月，此為事大政策的初步推行階段。後梁立國的次月，季昌即由荊南留後被拔擢為荊南節度使。後梁太祖在位期間，季昌尚能忠實於藩鎮本分，謹遵朝命。不僅時修職貢，而且還奉命出師征討。如開平元年（907）十月，高季昌奉詔遣倪可福會同楚將進攻朗州。但後梁太祖末年，政事日壞，季昌逐漸萌生割據之念，事大政策的執行力度相對減弱，並於乾化二年（912）五月，開始築城修樓，欲為自全之計。當年六月，郢王朱友珪弒父襲位。高季昌亦加快了割據的步伐。

〔註93〕　《新唐書》卷211《王廷湊附王紹鼎傳》，第5962頁。
〔註94〕　《資治通鑑》卷266，後梁太祖開平元年四月，第8675頁。
〔註95〕　《北夢瑣言逸文》卷2《高季昌推崇梁王》，見《北夢瑣言》，第402～403頁。
〔註96〕　《十國春秋》卷100《荊南一・武信王世家》，第1428頁。
〔註97〕　《舊五代史》卷3《梁太祖紀一》，第52頁。

　　第二階段，自後梁乾化二年（912）十二月至貞明三年（917）四月，此為放棄事大政策、自守一方階段。這次轉變始於乾化二年（912）十二月，高季昌打著助梁伐晉的旗號，出兵進攻襄州，「自是朝貢路絕」〔註98〕。事大政策暫時中止。次年九月，高季昌又大造戰艦，招納亡命，反叛之狀更加明顯。此後，季昌東通於吳，西通於蜀，未嘗稱臣於任何一方，實際已然成為一個獨立的小王國。後梁對此徒呼負負，惟能放任不顧。

　　第三階段，自後梁貞明三年（917）四月至後唐明宗天成三年（928）六月，此為重拾事大政策並再度背叛中朝階段。貞明三年（917）四月，高季昌主動與山南東道節度使孔勍修好，重新稱臣於後梁，復通貢獻，恢復事大政策。關於這次外交政策發生重大調整的原因，史籍不載，無法確知。此後，一直至後梁滅亡，高氏荊南奉事中朝的政策未曾改變。

　　後唐建立後，莊宗遣使宣諭諸道，後梁所除節度使五十餘人皆上表入貢。高季昌避唐廟諱，改名季興；並不顧梁震勸諫，執意入洛陽朝覲莊宗。僥倖歸來後，認為莊宗矜伐自大，又荒畋放縱，不必為慮，「乃繕城積粟，招納梁舊兵，為戰守之備」〔註99〕。由此可見，莊宗在位時，儘管高季興表面臣屬於唐，似無二心，但私下卻不斷擴充軍備，壯大實力，割據之心猶存。

　　同光（923～926）、天成（926～930）之交，季興經多次奏請，終於獲得唐荊南鎮原管轄郡夔、忠、萬、歸、峽五州。後因劫奪伐蜀財寶、搶佔夔州和進攻涪州的軍事行動，觸怒明宗。天成二年（927）二月，後唐出師討伐荊南，高氏荊南與後唐關係徹底破裂。兵臨城下，高季興方知事態嚴重，是年五月，請求稱臣於吳，遭徐溫拒絕〔註100〕；九月，季興轉而又遣使持書乞修貢奉於後唐，明宗詔令不納。〔註101〕爭取稱臣後唐而不果，標誌著高氏荊南重行事大政策的道路已然被堵死。有鑒於此，季興「復請稱藩于吳」〔註102〕，終獲許可，「遂以荊、歸、峽三州臣于吳，吳冊季興秦王」〔註103〕。這次改圖，恰值後唐出兵討伐荊南之時，高季興向吳稱臣的目的，應該是希望藉此獲得淮南軍隊的支持與援助。

〔註98〕《資治通鑑》卷268，後梁太祖乾化二年十二月，第8764頁。
〔註99〕《資治通鑑》卷272，後唐莊宗同光元年十二月，第8910頁。
〔註100〕《資治通鑑》卷275，後唐明宗天成二年五月，第9005～9006頁。《十國春秋》卷100《荊南一・武信王世家》亦載，略與此同。第1435～1436頁。
〔註101〕《舊五代史》卷38《唐明宗紀四》，第527頁。
〔註102〕《資治通鑑》卷276，後唐明宗天成三年六月，第9020頁。
〔註103〕《新五代史》卷69《南平世家》，第857頁。

第四階段，自吳睿帝乾貞二年（928）六月至是年十二月，此為奉吳正朔階段。在稱臣於吳的當年十二月，高季興病逝。也就是說，高季興外交政策的第四階段，僅有半年時間。從之後的事實來看，這種策略的效果並不明顯。

高從誨在位時，事大政策的奉行情況亦前後不一，其過程也可劃分為如下四個階段：

第一階段，自吳乾貞二年（928）十二月至吳乾貞三年（929）六月，此為稱臣於吳階段。在這半年時間裏，繼位不久的高從誨，實際並不情願臣屬於吳，明確表示「唐近而吳遠，非計也」〔註104〕。實際上，早在天成二年（927）五月，高季興據城阻命時，高從誨即勸其父首過於後唐，但未被採納。〔註105〕為能改圖於後唐，高從誨先後通過楚馬殷、後唐山南東道節度使安審琦，向明宗表達稱臣復修職貢的願望；並於天成四年（929）六月，上章首罪，乞修職貢，進獻贖罪銀三千兩。〔註106〕上述不懈努力，終於打動明宗，明宗認為，「先臣叛命，不預從誨事，可待之如初」〔註107〕。同年七月，明宗授高從誨檢校太傅、兼侍中，充荊南節度使。〔註108〕事大政策再次被確立下來。

第二階段，自後唐天成四年（929）七月至後漢高祖天福十二年（947）八月，此為奉行事大政策階段。高從誨改奉後唐正朔的目的達到後，遂於長興元年（930）三月，「遣使奉表詣吳，告以墳墓在中國，恐為唐所討，吳兵援之不及，謝絕之。吳遣兵擊之，不克」〔註109〕。至此，荊南才正式結束與吳的臣屬關係。由此來看，自天成四年（929）六月至長興元年（930）三月間，高氏荊南實際上貳屬於後唐與吳。這也是高氏荊南第一次臣屬於兩國的時期，前後共計9個月。

在與吳斷絕關係後，高氏荊南以事大政策作為外交的核心原則，努力保持與後唐、後晉的臣屬關係，一直到後漢初期，都未曾出現與中朝直接對抗的現象。但是，高從誨並未放棄與淮南的交往，特別是在吳、南唐禪代之前，針對吳權臣徐知誥代吳跡象的日益公開化，高從誨敏銳捕捉時機，於天福元

〔註104〕《資治通鑑》卷276，後唐明宗天成四年五月，第9030頁。
〔註105〕《冊府元龜》卷166《帝王部・招懷四》，第2007頁。
〔註106〕《舊五代史》卷40《唐明宗紀六》，第551頁。
〔註107〕《冊府元龜》卷166《帝王部・招懷四》，第2007頁。
〔註108〕《舊五代史》卷40《唐明宗紀六》，第552頁。
〔註109〕《資治通鑑》卷277，後唐明宗長興元年三月，第9040頁。

年（936）四月，遣使勸其即帝位。〔註110〕次年十月，徐知誥稱帝，改國號曰唐，是爲南唐烈祖李昇。十一月，高從誨又不適時機地請求置邸建康，得到李昇認可。〔註111〕天福三年（938）正月，高從誨又專門派遣使者至南唐，賀即位。

在上述一系列的行動中，尤爲值得注意的是，「置邸建康」的行爲所隱含的政治寓意。所謂「置邸建康」，即是在建康設置進奏院。始於唐代中葉的進奏院制度，本與「飛錢」（或稱「便換」）、「邸報」等現象有關，但其後政治意義更爲突出。因爲，「進奏院的設立，不僅是中央政治統治的象徵，也適應了朝廷政令貫徹上的特殊需要。進奏院作爲地方駐京機關，進奏官作爲藩帥的心腹，主要還是作爲藩鎮對付朝廷的工具」〔註112〕。延及五代，置邸成爲各割據政權表示自己隸屬關係的行動。如湖南馬希萼、希廣兄弟爭權，希廣已置邸於後漢首都汴州，希萼爲與之抗衡，「表請別置進奏務於京師」。「詔以湖南已有進奏務，不許」。馬希萼以爲「朝廷意祐楚王希廣」，乃「遣使稱藩於（南）唐」〔註113〕。此例表明，置邸於某國，其實就是表示臣屬於某國。如後周時，南唐稱臣於中朝，其中的重要內容之一，即「置進奏邸於汴都」〔註114〕。一般而言，一國不能同時置邸於兩國。如後周世宗顯德（954～959）年間，「（南）唐清源軍節度使留從效遣使入貢，請置進奏院於京師，直隸中朝。詔報『以江南近服，方務綏懷，卿久奉金陵（指南唐），未可改圖，若置邸上都，與彼抗衡，受而有之，罪在於朕』」〔註115〕。之所以後周世宗不同意留從效置邸汴州的請求，原因之一即在於留從效久奉南唐正朔，不宜改圖。

據此來看，高從誨「置邸建康」，實際上就是向南唐稱臣。而高氏荊南自天成四年（929）六月後，已奉後唐正朔，此時的稱臣關係並無改變。因此，自設置進奏院於建康後，高氏荊南又第二次出現臣屬於兩國的情形。至於這種局面持續至何時，史籍無載，難做判斷。

所以說，高氏荊南在此階段的外交，固然以奉事中朝爲基本原則，但在後晉天福（936～944）初年，仍有稱臣於南唐的行爲，這種情況又是南方諸

〔註110〕《資治通鑑》卷280，後晉高祖天福元年四月，第9141頁。
〔註111〕〔宋〕陸游：《南唐書》卷1《烈祖本紀》，第5465頁。
〔註112〕《唐代藩鎮研究》，第178頁。
〔註113〕《資治通鑑》卷289，後漢隱帝乾祐三年八月，第9426頁。
〔註114〕〔宋〕陸游：《南唐書》卷2《元宗本紀》，第5482頁。
〔註115〕《資治通鑑》卷294，後周世宗顯德六年六月，第9599頁。

國中所未見者。個中原因，當與高氏荊南周邊形勢的變化有關。其時，後晉立國未久，政局不穩，晉高祖石敬瑭不僅媚事契丹，無所不用其極，而且姑息藩鎮，以求換取諸鎮的支持，保住皇位。鑒於中朝形勢已經如此，難以庇護高氏荊南，高從誨爲免遭日益強大的淮南政權的打擊，主動稱臣於李昇，不失爲一種有效的策略。對此，後晉僅能坐視不顧而已。

第三階段，自後漢天福十二年（947）八月至後漢隱帝乾祐元年（948）六月，此爲絕貢中朝階段。後晉末年，中原再度陷入大亂之中，乃至契丹一度入主中原。爲求得新政權的支持，高從誨不僅遣使貢於契丹，亦派人至太原，勸劉知遠稱帝，並「密有祈請，言俟車賀定河、汴，願賜郢州爲屬郡，漢祖依違之」〔註116〕。對此，胡三省嘗言：「荊南高氏父子事大以保其國，爲謀大率如此。」〔註117〕及至漢高祖進入汴州，高從誨請求踐履前言，遭到拒絕。於是，高從誨先是拒絕後漢加恩，並於當年八月，派遣水軍襲擊後漢襄州，不料卻爲山南東道節度使安審琦所敗；進攻郢州，又敗於後漢刺史尹實。〔註118〕乾祐元年（948）四月，荊南又一次陳兵郢州，仍無疾而終。〔註119〕此次郢州之爭的未遂，徹底激化高氏荊南與後漢間的矛盾，其臣屬關係就此中斷。史載：「從誨自求郢州不得，遂自絕於漢。」〔註120〕史料又稱：「王乃絕漢，附於唐、蜀。」〔註121〕

第四階段，自後漢乾祐元年（948）六月至北宋太祖乾德元年（963）二月，此爲堅定奉行事大政策階段。與後漢斷絕關係後，一直依賴商稅收入的高氏荊南，竟然出現「北方商旅不至，境內貧乏」〔註122〕的境況，迫不得已，高從誨又重新稱臣於後漢。史載：後漢乾祐元年（948）六月，「荊南節度使高從誨上表歸命，從誨嘗拒朝命，至是方遣牙將劉扶詣闕請罪」〔註123〕。隱帝釋其無罪。

自此之後，一直到宋初，高氏荊南的事大政策不僅再未改易，而且進入後周以後，執行力度呈現出日益加強的趨勢。其表現之一，即爲入貢次數的

〔註116〕　《舊五代史》卷133《高季興傳附高從誨傳》，第1753頁。
〔註117〕　《資治通鑒》卷286，後漢高祖天福十二年正月胡三省注，第9337頁。
〔註118〕　《資治通鑒》卷287，後漢高祖天福十二年八月，第9375頁。
〔註119〕　《舊五代史》卷101《漢隱帝紀上》，第1346～1347頁。
〔註120〕　《新五代史》卷69《南平世家》，第859頁。
〔註121〕　《十國春秋》卷101《荊南二‧文獻王世家》，第1444頁。
〔註122〕　《十國春秋》卷101《荊南二‧文獻王世家》，第1444頁。
〔註123〕　《舊五代史》卷101《漢隱帝紀上》，第1348頁。

增多，誠如史載：「荊南自後唐以來，常數歲一貢京師，而中間兩絕。及世宗時，無歲不貢矣。保融以謂器械金帛，皆土地常產，不足以效誠節，乃遣其弟保紳來朝，世宗益嘉之。」〔註124〕其表現之二，是在中朝攻打南唐與後蜀時，或出兵援助，或主動表達聲援的意願。後周顯德五年（958），世宗進軍南唐，當年三月，荊南發遣水軍至鄂州聲援。〔註125〕同年十月，鑒於後周準備再次用兵後蜀，高保融奏：「聞王師將伐蜀，請以水軍趣三峽。」〔註126〕這種情形的出現，自然與中朝政權力量的日益強大有關，荊南也由此而日益感受到來自中原政權的壓力，故而勤於貢獻、派兵相助，以維繫、鞏固與中朝的臣屬關係，並免受覆亡之禍。

二、臣屬關係的內容與實質

高氏荊南外交中的事大政策，落到實處也就是與中朝建立臣屬關係。因高氏荊南並未走稱帝建國的道路，而始終以藩鎮的統治體制示之於人，故而從表面上看，這種與中原政權間的臣屬關係，類似於唐代藩鎮與朝廷間的關係。但實際上，兩者間有著本質的區別，不宜等而視之。

有學者指出，臣屬關係包括五個方面的內容：第一，承認中原政權的天子為惟一合法的天子，尊奉正朔，秉行其政令。第二，藩鎮節帥必須由朝廷任命。第三，藩帥在京師中設置進奏院，委派進奏官，向朝廷彙報地方事務。第四，朝廷在藩鎮統內設置監軍使院，委派監軍使，對其政務進行監督和干預。第五，藩鎮有交納賦稅與遣使朝貢的義務。〔註127〕

依據上述標準，一一比照高氏荊南時期奉行事大政策的有關情況，不難發現，高氏荊南雖說在絕大部分時間內臣屬於中朝，但卻不是一一恪守上述內容，除第二項奉行不渝外，其他或有折扣，或者根本就從未出現於高氏荊南時期。就此而論，高氏荊南與真正隸屬於中央朝廷的藩鎮，差別極為顯著。

首先，高氏荊南在第一項的執行上並不十分嚴格。前面已經講到，高氏荊南在後唐明宗時期、後晉高祖時期，曾有兩次貳屬的情況發生，而這顯然未將中原政權的天子視做惟一的真命天子。而且，高氏荊南不遵朝命的事，也是常常發生，甚至不乏與中朝直接對抗的事例。

〔註124〕《新五代史》卷 69《南平世家》，第 859 頁。
〔註125〕《舊五代史》卷 118《周世宗紀五》，第 1569 頁。
〔註126〕《資治通鑒》卷 294，後周世宗顯德五年十月，第 9588 頁。
〔註127〕《錢氏吳越國史論稿》，第 218～219 頁。

其次，高氏荊南在進奏院的設置上，似乎也不太健全。進奏院的長官為都知進奏官，也稱做進奏吏、邸吏等。進奏官並非獨立的幕職，而是由本鎮眾多的幕職中選派一人充任。〔註128〕唐代的進奏院是藩鎮的落腳點、中轉站、情報所、辦事處，是聯繫藩鎮與中央的紐帶。〔註129〕但至五代，進奏院是表示臣屬關係的政治行為。從有關記載來看，高氏荊南的進奏官惟見一例，即「知進奏鄭景玫」〔註130〕，而這還是宋初的例子。在此之前，尚未見到高氏荊南有人擔任知進奏官者。據此而論，雖然不能斷言此前的高氏荊南一定未設知進奏官，但至少可表明，此項制度的執行並不是十分到位。

再次，高氏荊南未設中原政權的監軍使。唐前期的監軍為臨時設置，隨軍出征，對將帥進行監督，事畢即罷。安史亂後，唐廷大量派遣心腹宦官至各地監軍，從而使監軍成為長駐地方的固定使職。五代時期依然如此，如後唐同光二年（924）十月，莊宗以「天平監軍使柴重厚可特進、右領衛將軍同正，充鳳翔監軍使」〔註131〕。即為其例。但是，中朝的監軍制度從未施行於高氏荊南，當然也就無法談及中朝以監軍使對其政務進行干預和監督了。

最後，高氏荊南臣屬於中朝後，屢屢遣使上貢，誠為事實。而交納賦稅，則未見其例。所謂上貢，係職貢，乃藩屬或外國對於朝廷按時的納貢，與地方賦稅繳納於中央，完全是兩碼事。自唐末以來，藩鎮財賦分為上供、留使、留州三部分，其中的上供部分，是藩鎮向朝廷履行經濟義務的主要表現，也是中央控制地方財權的重要舉措。然而，高氏荊南的財政並不受中朝控制，具有完全的自主權。

王夫之在談到朱溫建立後梁之初的情況時，曾說：

> 當朱溫之時，李克用既與敵立，李茂貞、劉仁恭、王鎔、羅紹威亦擁土而不相下，其他楊行密、徐知誥、王建、孟知祥、錢鏐、馬殷、劉隱、王潮、高季興先後並峙，帝制自為，分土而守，雖或用其正朔，究未嘗奉冠帶、祠春秋、一日奔走於汴、雒也。〔註132〕

> （朱溫）乃以勢言之，而抑不足以雄也。西挫於李茂貞，東折

〔註128〕《唐代藩鎮研究》，第 166 頁。
〔註129〕《唐代藩鎮研究》，第 171～176 頁。
〔註130〕《宋史》卷 483《荊南高氏世家》，第 13954 頁。
〔註131〕《舊五代史》卷 32《唐莊宗紀六》，第 442 頁。
〔註132〕《讀通鑑論》卷 28《五代上》，第 1010～1011 頁。

於楊行密，王建在蜀，視之蔑如也；羅紹威、馬殷、錢鏐、高季昌，

雖暫爾屈從，而一兵尺土粒粻絲不爲之用。〔註133〕

儘管此處所言爲後梁立國初期的情形，但在五代時期的很長一短時間內，中朝與南方奉其正朔的割據政權間的關係，大致與材料所反映的情形類似。

因此，儘管高氏荆南奉行事大政策，名義上仍然是中原政權的藩鎮，但實際上，這種臣屬關係，與中原政權轄境內的藩鎮與中央間的關係，有著顯著的區別。從本質上來說，高氏荆南已經是一個獨立的王國，其與中原政權間的關係，已遠遠突破地方與中央的關係。正如前面所說，之所以高氏荆南要努力鞏固、并保持與中原政權間的密切聯繫，主要原因在於利用中朝的力量，牽制淮南，從而使自身立於不敗之地。

三、事大政策的後果與作用

高氏荆南長期奉行事大政策，是其保全自身的重要原因之一。

事大政策的後果直接表現爲臣屬關係的建立，而中朝對於稱臣諸國，也往往以藩鎮視之，並屢屢在新君即位或重大國事活動的前後，對於諸國之主加官晉爵，以籠絡諸國。故而，高氏五主亦是中朝授以官爵的對象。今據史籍所載，將高氏五主接受中朝官爵的情況，製成如下數表，以見其實。需要說明的是，以下對官爵情況的有關分析，主要依據陳茂同《歷代職官沿革史》有關唐代官職的介紹。〔註134〕

高季興接受中原政權官爵的情況，見表6-1。

表6-1　高季興接受中朝官爵一覽表

		時　間	授受官爵	史料出處
後梁	太祖	開平元年五月	拜荆南節度使。〔註135〕	《十國春秋》卷 100《荆南一・武信王世家》，第1428 頁。
		開平二年	加同中書門下平章事。	《十國春秋》卷 100《荆南一・武信王世家》，第1429 頁。

〔註133〕《讀通鑒論》卷 28《五代上》，第 1023 頁。
〔註134〕陳茂同：《歷代職官沿革史》，華東師範大學出版社 1988 年版，第 253～318 頁。
〔註135〕《十國春秋》卷 100《荆南一・武信王世家》，第 1428 頁。另，《三楚新錄》
　　　　卷 3 稱：「拜江陵尹，兼管內節度觀察處置等使。」第 6327 頁。

續表 6-1

時　間		授受官爵	史料出處
後梁	末帝	乾化三年八月	賜爵渤海王。	《資治通鑑》卷 268，第 8776 頁。
		龍德元年二月	以荊南節度使、檢校太師、兼中書令、渤海郡王高季昌爲守中書令，依前荊南節度使。	《舊五代史》卷 10《梁末帝紀下》，第 145 頁。
後唐	莊宗	同光元年十一月	守中書令。	《資治通鑑》卷 272，第 8907 頁。
		同光二年三月	依前檢校太師、兼尚書令，封南平王。	《舊五代史》卷 31《唐莊宗紀五》，第 431 頁。
	明宗	天成元年六月	加守太尉、兼尚書令。	《舊五代史》卷 36《唐明宗紀二》，第 500 頁。
		長興元年正月	追封季興楚王，諡曰武信。	《新五代史》卷 69《南平世家》，第 858 頁。
		長興元年十二月	故荊南節度使、檢校太尉、兼尚書令、南平王高季興贈太尉。	《舊五代史》卷 41《唐明宗紀七》，第 572 頁。

　　據表可知，高季昌最初所領惟荊南節度使一職，此爲差遣。後梁開平二年（908）所加「同中書門下平章事」，及其後的「兼中書令」、「兼尚書令」，則爲使相，即以節度使而帶宰相之名者，使相並不參與政事。節度使爲使相者，「並列銜於敕牒，側書『使』字」。因尚書令爲南省官資，故帶尚書令則不合署敕尾。〔註136〕「渤海王」、「南平王」與「楚王」，則是封爵。「檢校太師」、「檢校太尉」則爲檢校官，其性質爲假借官資的形式，是分屬於「三師」、「三公」的虛銜，僅有累計官資、班序和薨卒輟朝等特權，寓寄銜之意，亦不親掌其事。另據《冊府元龜》卷 178《帝王部・姑息三》載：高季興生前官爵實則爲扶天輔國翊佐功臣、荊南節度、歸峽等州觀察處置等使、開府儀同三司、簡〔檢〕較〔校〕太尉、尚書令、江陵尹、上柱國、南平王、食邑八千戶、食實封五百戶。〔註137〕據此，在功臣名號、差遣、文官散階、檢校官、使相、勳官、封爵與虛封之外，高季興所任職事官實際爲江陵尹。

〔註136〕《舊五代史》卷 40《唐明宗紀六》，第 553 頁。
〔註137〕《冊府元龜》卷 178《帝王部・姑息三》，第 2143 頁。

高從誨接受中朝官爵的有關情況，見表 6-2。

表 6-2　高從誨接受中朝官爵一覽表

時　間		授受官爵	史料出處
後梁		殿前控鶴都頭、鞍轡庫副使、左軍巡使、如京使、左千牛大將軍、荊南牙內都指揮使，領濠州刺史，改歸州刺史，累官至檢校太傅。	《舊五代史》卷 133《高季興傳附高從誨傳》，第 1752 頁。〔註 138〕
後唐	莊宗	荊南行軍司馬、檢校太傅。	《舊五代史》卷 40《唐明宗紀六》，第 552 頁。
	明宗 天成四年七月	授檢校太傅、兼侍中，充荊南節度使。	《舊五代史》卷 40《唐明宗紀六》，第 552 頁。
	長興二年正月	加兼中書令。	《舊五代史》卷 42《唐明宗紀八》，第 575 頁。〔註 139〕
	長興三年二月	賜爵渤海王。	《十國春秋》卷 101《荊南二·文獻王世家》，第 1440 頁。
	長興三年九月	加檢校太尉、兼中書令。	《舊五代史》卷 43《唐明宗紀九》，第 594 頁。
	閔帝 應順元年正月	封南平王。	《舊五代史》卷 45《唐閔帝紀》，第 616 頁。
後晉	高祖 天福二年正月	加食邑食封，改功臣名號。	《舊五代史》卷 76《晉高祖紀二》，第 996 頁。
	天福三年二月	加食邑食封。	《舊五代史》卷 77《晉高祖紀三》，第 1013 頁。
	少帝 天福七年七月	加兼尚書令（從誨辭不受）。	《舊五代史》卷 81《晉少帝紀一》，第 1070 頁。
後漢	隱帝 乾祐元年十一月	詔贈尚書令，諡曰文獻。	《舊五代史》卷 133《高季興傳附高從誨傳》，第 1753 頁。

〔註 138〕另，《新五代史》卷 69《南平世家》載：從誨，「季興時，入梁爲供奉官，累遷鞍轡庫使，賜告歸寧，季興遂留爲馬步軍都指揮使、行軍司馬」。第 858 頁。

〔註 139〕按，《十國春秋》卷 101《荊南二·文獻王世家》載：「唐加從誨檢校太尉、兼中書令、江陵尹。」第 1440 頁。恐將「檢校太傅」誤作「檢校太尉」，今不取。

　　由表可知，自後唐天成四年（929）七月，高從誨被授檢校太傅、兼侍中，充荊南節度使，至後漢乾祐元年（948）十一月卒之前，其官爵已是荊南節度使、檢校太尉、兼中書令、南平王，分別對應於差遣、檢校官、使相、封爵。

　　高保融接受中朝官爵的有關情況，見表6-3。

表6-3　高保融接受中朝官爵一覽表

時間		授受官爵	史料出處
後晉	少帝	天福中、開運末	檢校司空；荊南節度副使、檢校太傅、領峽州刺史。	《十國春秋》卷101《荊南二·貞懿王世家》，第1446頁。
後漢	隱帝	乾祐元年十二月	授荊南節度使、檢校太尉、同平章事、渤海郡侯。	《舊五代史》卷103《漢隱帝紀上》，第1352頁。〔註140〕
		乾祐二年十月	加檢校太師、兼侍中。	《十國春秋》卷101《荊南二·貞懿王世家》，第1446頁。
後周	太祖	廣順元年正月	進封渤海郡王。	《舊五代史》卷110《周太祖紀一》，第1463頁。〔註141〕
		顯德元年正月	進封南平王。	《舊五代史》卷113《周太祖紀四》，第1501頁。〔註142〕
	世宗	顯德元年七月	加守中書令。	《舊五代史》卷114《周世宗紀一》，第1518頁。
	恭帝	顯德六年八月	加守太保。	《舊五代史》卷120《周恭帝紀》，第1593頁。
北宋	太祖	建隆元年正月	守太傅。	《宋史》卷1《太祖紀一》，第5頁。
		建隆元年秋	諡曰貞懿。	《舊五代史》卷133《高季興傳附高從誨傳》，第1753頁。

〔註140〕另，《資治通鑑》卷288「後漢高祖乾祐元年十二月」載：「以高保融為荊南節度使、同平章事。」第9404頁；《十國春秋》卷101《荊南二·貞懿王世家》載：「授起復檢校太尉、同平章事、江陵尹、荊南節度、荊歸峽觀察使。」第1446頁。今從《舊史》。

〔註141〕另，《十國春秋》卷101《荊南二·貞懿王世家》載：「周加保融兼中書令，封渤海郡王。」第1446～1447頁。今從《舊史》。

〔註142〕又《冊府元龜》卷129《帝王部·封建》載：顯德元年（954）正月，「以荊南節度使、荊歸峽觀察使、檢校太師、兼中書令、江陵尹、渤海郡王高保融封南平王」。第1557頁。《十國春秋》卷101《荊南二·貞懿王世家》同《舊史》。第1447頁。

由表可知，自後漢乾祐元年（948）十二月，高保融被授荊南節度使、檢校太尉、同平章事、渤海郡侯，至北宋建隆元年（960）八月卒之前，其官爵爲荊南節度、荊歸峽觀察等使、檢校太師、守太傅、兼中書令、江陵尹、南平王，分別對應於差遣、檢校官、使相、職事官和封爵。

高保勗接受中朝官爵的有關情況見表 6-4。

表 6-4　高保勗接受中朝官爵一覽表

時　間		授受官爵	史料出處
後晉	高祖	天福初	領漢州刺史。	《十國春秋》卷 101《荊南二‧侍中保勗世家》，第 1450 頁。
後周	太祖	廣順元年	加檢校太傅，充荊南節度副使。	同上。
		顯德初	加檢校太尉、充行軍司馬、領寧江軍節度使。	同上。
北宋	太祖	建隆二年九月	拜荊南節度使。	《續資治通鑑長編》卷 2，太祖建隆二年九月，第 53 頁。

由表可知，高保勗在位時官爵爲荊南節度使、檢校太尉，分別對應於差遣和檢校官。

高繼沖接受中朝官爵的有情況見表 6-5。

表 6-5　高繼沖接受中朝官爵一覽表

時　間		授受官爵	史料出處
後周		顯德六年	以蔭授檢校司空，領荊南節度副使。	《十國春秋》卷 101《荊南二‧侍中繼沖世家》，第 1451 頁。
北宋	太祖	乾德元年正月	除檢校太保、江陵尹、荊南節度使。	同上。〔註 143〕

由表可知，高繼沖在位時官爵僅爲荊南節度使、檢校太保、江陵尹，分別對應於差遣、檢校官和職事官。

仍須指出的是，自唐代中葉以來，使職差遣制度已然萌現，起初事畢即

〔註 143〕《續資治通鑑長編》卷 4「太祖乾德元年正月」記作：「以荊南節度副使、權知軍府事高繼沖爲荊南節度使。」第 82 頁。

罷，嗣後漸成制度。所謂差遣，實際上即以職事官負責他事，由此呈現出職事官與具體職掌分離的狀況，但被差遣者皆先前已帶職事官，五代時期依然如此。故而，高氏五主照例當以江陵尹爲職事官，即高從誨、高保勗兩人亦當擔任江陵尹。

結合以上所述，高氏五主最基本的使職爲荊南節度使、荊歸峽觀察處置等使，職事官一律皆爲江陵尹，上述這些，五主盡皆相同。而在此之外，封爵、檢校官、使相的授受，前後卻有較大差別。從封爵的賜予來看，獲賜「南平王」者，僅高季興、高從誨與高保融三人，高保勗與高繼沖均未獲此封爵。從檢校官的授受來看，高氏五主以被除授檢校太尉最爲常見，其中官階最高者爲高保融的「檢校太師」，官階最低者則爲高繼沖的「檢校太保」。若從使相的層面予以考察，則高季興、高從誨和高保融生前末任，已分別爲「尚書令」、「兼中書令」和「兼中書令」，高保勗、高繼沖已不再領有使相銜。聯繫高保勗、高繼沖在位的時間，出現上述官爵品級下降的情形，並非不可理喻。原因概在於趙宋王朝建立後，隨著中央集權的日益加強，宋廷對南方諸國也不再一味執行姑息之策，而是有意抑制、削弱諸臣屬國君主的權力，其主要途徑就是不斷降低臣屬國最高統者的官爵品級，高保勗、高繼沖官爵品級遠遜於其先人，實際上就是這種手段施行後的結果。

儘管如此，高氏荊南稱臣於中朝，其最高統治者高氏五主，不時被五代各朝加官晉爵，卻是常見現象。這種由稱臣而導致的加官晉爵，雖然並無太多的實質性內容，但其所發揮的作用卻至爲顯著，主要表現爲下述三點：

其一，高氏荊南利用奉事中朝而建立的臣屬關係，依靠中原政權爲其後盾，震懾相鄰政權，使之不敢貿然加兵於荊南，從而爲自身構築一個相對安全、穩定的外部環境。反之，則極易招致中原政權的兵戈相嚮，而且，中原政權往往號令與高氏荊南相鄰的臣屬國，共同出兵圍剿。如天成二年（927）二月，明宗下令討伐高氏荊南，在派遣後唐軍隊的同時，亦命東川節度使董璋、楚馬殷，率軍從西、南兩面合圍荊南。〔註144〕形勢一旦如此，荊南無啻於命懸一線。好在其時董璋旨在自保東川，無意東嚮，楚軍亦止步不前，加上大雨不歇，後唐軍隊中疾疫盛行，所以，荊南才得以保全。但是，據此不難看出，高氏荊南不奉王命、背叛中朝，將會產生極其嚴重的後果。

〔註144〕《資治通鑑》卷275，後唐明宗天成二年二月，第9002頁。

其二，依靠事大政策，高氏荊南拓展了疆域。單憑武力，荊南很難將其疆域由一州擴展開來，但事大政策的推行，卻成功解決了武力未能解決的疆土問題。前面已經提到，包括復州的隸入、監利縣的掌控，乃至夔、忠、萬、歸、峽等州的獲得，均非強取硬奪而來。尤其是監利縣和歸、峽二州的永久性據有，實際上無一不是來自於後梁、後唐的割隸，之所以會有如此結果，關鍵就在於高氏荊南所奉行的事大政策。

其三，事大稱臣的政策，也有利於保證可靠的商稅收入來源。高氏荊南的經濟以通商爲基本特色，較爲依賴商稅收入，如果與中朝斷絕關係，來自北方的商人自然會急劇減少，徵商所得亦會隨之下降，甚至直接導致境內的貧乏。所以，穩定保持對中朝的臣屬關係，亦是高氏荊南保障商稅收入的重要前提。正因如此，高從誨與後漢交惡不足一年，便主動「遣使謝罪，乞修職貢」〔註145〕。

總之，奉行事大政策，不僅具有政治象徵意義，能使高氏五主不斷接受來自於中朝的加官晉爵，並藉此牽制南方相鄰政權的入侵，而且起到了拓展疆域的作用，也有利於穩定徵收至其境貿易的北方商人的商稅，改善高氏荊南的經濟狀況，的確收到了一石三鳥之效。

第三節　高氏荊南的睦鄰策略

高氏荊南的外交方略中，並非惟有奉事中朝的內容。在其發展歷程中，高氏荊南亦能採取保境息民政策，注重與南方諸國形成睦鄰關係。高氏荊南所推行的睦鄰策略，有其特定的內容，獨具特色，所發揮的作用也極爲明顯。

一、內容

高氏荊南的睦鄰政策，是依據自身所處的特定環境而做出的外交選擇。其介於諸國之間，面臨的生存威脅也最爲嚴重，尤其是當荊南與中朝關係陷入僵局時，妥善處理與鄰國間的關係，利用與其交好的鄰邦以牽制中朝的進攻，無疑是捍衛自身安全的有效手段。大致說來，高氏荊南睦鄰政策的內容，主要包括下述三點：

〔註145〕《十國春秋》卷 101《荊南二·文獻王世家》，第 1444 頁。

　　首先是交結、依附南方強國。在南方諸國中，割據於淮南與兩川的吳、南唐與前後蜀，實力最爲雄強，這四個前後相繼興起的政權，均與中朝對峙。有鑒於此，高氏荊南在與中朝交惡時，往往將其外交觸角伸展至淮南與兩川政權。

　　後梁乾化二年（912）十二月，高季昌以助梁伐晉爲藉口，興兵進攻襄州，被後梁山南東道節度使孔勍擊敗。自此，拒絕朝貢於後梁。〔註146〕隨後，高季昌潛力擴充軍備，積蓄力量，圖謀割據、自王一方的姿態更見明顯。儘管後梁末帝乾化三年（913）正月，吳軍攻打荊南未遂，但因已失去中朝庇護，荊南必須重新尋求強援作爲後盾，故高季昌遂於乾化三年（913）九月，與吳、蜀交結〔註147〕，形成盟友關係。一直到貞明三年（917）五月，高季昌才恢復對後梁的朝貢。按說荊南與吳、蜀的關係多少會因此而受到影響，但從貞明五年（919）五月楚攻荊南時，荊南求救於吳〔註148〕，吳仍派遣水軍進行援助一事來看，至少荊南與吳的關係，大體還算不錯。後漢高祖天福十二年（947）八月，高從誨因求郢州未果，先後率軍進攻襄州、郢州，被擊敗後，「乃絕漢，附於唐、蜀」〔註149〕。據載，後周世宗征淮南時，高保融嘗「遣客將劉扶奉牋南唐，勸其內附」〔註150〕；又曾在世宗伐後蜀前，兩度遣書於孟昶，勸其稱臣於後周，孟昶不聽。〔註151〕可知，荊南與南唐、後蜀關係一直較爲友好。

　　相比較而言，荊南與吳、南唐的聯繫更爲緊密。後唐明宗天成二年（927）三月，荊南遭到後唐軍隊的進攻，「高季興堅壁不戰，求救於吳，吳人遣水軍援之」〔註152〕。爲進一步鞏固與吳的關係，以抵禦後唐兵鋒，當年五月，高季興「請舉鎮自附於吳」，吳權臣徐溫認爲：「高氏事唐久矣，洛陽去江陵不遠，唐人步騎襲之甚易，我以舟師泝流救之甚難。」〔註153〕故而，拒絕荊南稱臣請求。荊南稱臣於吳的第一次嘗試，遂告失敗。不過，雙方仍有合作，所謂「荊南拒命，通連淮夷」〔註154〕。天成三年（928）四月，吳軍欲進攻楚

〔註146〕《資治通鑑》卷268，後梁太祖乾化二年十二月，第8764頁。
〔註147〕《資治通鑑》卷268，後梁均王乾化三年九月，第8776～8777頁。
〔註148〕《資治通鑑》卷270，後梁均王貞明五年五月，第8845頁。
〔註149〕《資治通鑑》卷287，後漢高祖天福十二年八月，第9375頁。
〔註150〕《新五代史》卷69《南平世家》，第859頁。
〔註151〕分見《資治通鑑》卷294，後周世宗顯德五年六月、十月，第9585、9587頁。
〔註152〕《資治通鑑》卷275，後唐明宗天成二年三月，第9004頁。
〔註153〕《資治通鑑》卷275，後唐明宗天成二年五月，第9005頁。
〔註154〕《舊五代史》卷39《唐明宗紀五》，第535頁。

國岳州，邀約荊南兵共同出擊。〔註155〕

吳乾貞二年（928）六月，「高季興復請稱藩于吳，吳進季興爵秦王」〔註156〕。荊南自此奉吳正朔，即如史載：「季興臣於楊溥，受僞爵命。」〔註157〕高從誨繼位後，於後唐天成四年（929）六月，上章於後唐，請求重修職貢。同年七月，荊南改圖於後唐。之後，直到長興元年（930）三月，高從誨才正式斷絕對吳的臣屬關係。吳派遣軍隊進攻荊南，不克而還。〔註158〕荊南與吳的關係已經徹底破裂。

楊吳末年，南唐權臣徐知誥大權獨攬，代吳而立的企圖路人皆知。高從誨爲緩和與淮南政權的關係，遂於天福元年（936）四月，「遣使奉牋於徐知誥，勸即帝位」〔註159〕。次年十月，徐知誥建立南唐，是爲烈祖李昪，並遣使至荊南告即位。同年十一月，高從誨請求置邸於金陵，得到南唐烈祖許可。至此，荊南不僅重新恢復與淮南政權的聯繫，而且更以稱臣南唐的方式鞏固了彼此間的關係。此後，雙方偃旗息鼓，邊境再無兵戈。

另據史籍記載，後漢乾祐三年（950），在湖南馬希廣、馬希萼兄弟相爭之時，荊南與南唐、南漢甚至還有聯合起來，準備分割湖南的打算。馬希廣在向後漢上奏時就說到：「又探得荊南繼差人下淮南與廣州，三處結構，荊南欲取澧、朗州，廣南攻桂州，淮南欲取湖南。」〔註160〕

其次是拉攏、結盟於楚。地處荊南南面的楚，曾於後梁開平元年（907）夥同朗州節度使雷彥恭，聯合出兵進攻荊南，故而荊南與楚在後梁期間屢有摩擦。及至後唐天成二年（927）二月，明宗命楚馬殷派軍自南面攻打荊南，但馬殷卻遲遲按兵不動，其間原因即在於，「湖南、荊南輔車相依」〔註161〕。直到次年五月，楚馬殷才奉命遣將配合後唐軍隊進攻荊南，並在劉郎洑大敗荊南軍隊，又趁勢進逼江陵，高季興求和，楚軍乃止。對於不取荊南的原因，楚六軍副使王環有如下解釋：「江陵在中朝及吳、蜀之間，四戰之地也，宜存之以爲吾扞蔽。」〔註162〕對此，馬殷深以爲然。楚所定下的這種以荊南爲緩

〔註155〕《資治通鑑》卷276，後唐明宗天成三年四月，第9017頁。
〔註156〕《資治通鑑》卷276，後唐明宗天成三年六月，第9020頁。
〔註157〕《冊府元龜》卷178《帝王部‧姑息三》，第2143頁。
〔註158〕《資治通鑑》卷277，後唐明宗長興元年三月，第9040頁。
〔註159〕《資治通鑑》卷280，後晉高祖天福元年四月，第9141頁。
〔註160〕《全唐文》卷129，馬希廣：《請發兵擊朗州奏》，第1299頁。
〔註161〕《資治通鑑》卷275，後唐明宗天成二年五月胡三省注，第9005頁。
〔註162〕《資治通鑑》卷276，後唐明宗天成三年三月，第9015～9016頁。

衝之地的基調，也爲其後荊南與楚的結盟奠定了基礎。

天成四年（929）五月，高從誨「乃因楚王殷以謝罪於唐」〔註163〕。通過楚王馬殷而乞和於中朝，可知荊南與楚的關係較之此前確有改善。這也意味著荊南與楚之間，長達二十餘年對峙局面的瓦解。截至馬楚滅亡前夕，雙方的和好關係一直得以維持。

最後是交好南漢、閩與吳越。此三國並不與荊南接壤，但荊南仍與其有所交往。南漢、閩、吳越與荊南的友好關係，相當程度上依賴於朝貢之路而建立。後梁末帝貞明二年（916）五月，「吳越王錢鏐遣浙西安撫判官皮光業自建、汀、虔、郴、潭、岳、荊南道入貢」〔註164〕。自吳稱帝以後，因南漢、閩、楚「皆奉梁正朔，歲時貢奉，皆假道荊南」〔註165〕。司馬光亦言：「初，荊南介居湖南、嶺南、福建之間。」胡三省注曰：「此語專爲三道入貢過荊南發。」〔註166〕正是基於朝貢之路的特殊地理位置，荊南得以與上述三國保持較爲密切的往來。

以南漢爲例。劉嚴僭號之前，曾於後梁貞明二年（917）派遣「王定保來聘」〔註167〕。可知，荊南與南漢已有聯繫。後漢末年，湖南諸馬相爭之際，荊南又遣使至南漢，密謀共同出兵湖南，夥同南唐瓜分湖湘。〔註168〕

二、特點

因獨特的地緣條件所致，高氏荊南的睦鄰策略亦有其與眾不同之處。

首先即是攀附強鄰。如前所述，高氏荊南在後梁期間，曾經一度不奉王命，其率先交結的對象，就是作爲南方大國的吳與前蜀。後唐明宗初年，爲與後唐對抗，高季興竟不惜稱臣於吳。後晉高祖初年，高從誨更是公然無視藩臣不得貳屬的約束，同時與後晉、南唐建立臣屬關係。諸如此類，都是荊南將睦鄰策略的重點，優先定位於強鄰的例子。

高氏荊南之所以要以強鄰作爲睦鄰策略的首選對象，原因在於，荊南「介群雄之間，形勢不便，而寡弱固無能爲也」〔註169〕。換言之，處於諸強之間，

〔註163〕《資治通鑑》卷276，後唐明宗天成四年五月，第9030頁。
〔註164〕《資治通鑑》卷267，後梁均王貞明二年五月，第8803頁。
〔註165〕《新五代史》卷69《南平世家》，第859頁。
〔註166〕《資治通鑑》卷287，後漢高祖天福十二年八月及胡三省注，第9375～9376頁。
〔註167〕《十國春秋》卷100《荊南一・武信王世家》，第1430頁。
〔註168〕《舊五代史》卷103《漢隱帝紀下》，第1369頁。
〔註169〕《讀通鑑論》卷28《五代上》，第1014～1015頁。

的高氏荊南，自身能力明顯相對不足，無法與鄰國一較短長，出於保全自身
的需要，依憑強鄰的聲勢，或在危急時直接獲得援助，一定意義上可彌補其
實力的不濟，構建出相對安全的外部環境。

其次，交好四方。傳統的外交原則以「遠交近攻」爲核心要義，但從高
氏荊南自身的實際情況而言，依憑武力而與南方相鄰政權殊死相搏，無異於
以卵擊石，自取其辱。在高氏荊南 57 年的歷史中，但凡高氏荊南主動出擊鄰
邦的戰爭，幾乎無一例外地均以失敗或求和而告終。其本身的實力，已經決
定高氏荊南惟能守土安邦而已。並且，高氏荊南地處吳越、閩、南漢與楚自
陸路朝貢中朝的必經要道上，這種得天獨厚的地理交通條件，本身就爲高氏
荊南與南方小國交往，提供了大量的機會。

雖然，也曾發生過荊南劫持楚國貢使的情況，但這樣的事例畢竟極爲少
見。而且，此類現象似僅僅出現於高季興在位期間。史載：「初，荊南介居湖
南、嶺南、福建之間，地狹兵弱，自武信王季興時，諸道入貢過其境者，多掠
奪其貨幣。及諸道移書詰讓，或加以兵，不得已復歸之，曾不爲愧。」〔註170〕
至高從誨在位，此類記載不復見諸史載。這或可視爲荊南與上述政權間關係
更爲和睦的一種反映，其實更是荊南主動交好的一種結果，否則，劫掠過境
使者的情形必然會再度出現。

最後，屈節事之。史稱：「及從誨立，唐、晉、契丹、漢更據中原，南漢、
閩、吳、蜀皆稱帝，從誨利其賜與，所向稱臣。」〔註171〕結合前面所述，高
氏荊南除臣屬於中朝外，曾先後附於吳、南唐，而未見有稱臣於前蜀、後蜀
的記載，故「所向稱臣」一語或有誇大。不過，即便如此，五代十國時期，
類似於高氏荊南這樣屢有稱藩於不同政權的南方小國，也是獨此一家，別無
他國。「稱臣」之舉，本身即有示人以弱的意味，而高氏荊南又經常變換奉正
朔的對象，故「諸國賤之」〔註172〕。但是，如果拋開道義層面的評判，客觀
予以分析，屈節稱臣實則是高氏荊南睦鄰政策的必要之舉。勿庸置疑的是，
與高氏荊南相鄰的任何一個南方割據政權，其實力都遠在荊南之上，亦皆具
備吞併荊南的軍事能力。與其裝出一副合乎正道的強國形象，以力相拼而慘
遭覆滅，倒不如屈節稱臣，自保其境。兩種不同的選擇，呈現出兩種不同的
結果，其結局孰優孰劣，高下立判。

〔註170〕《資治通鑒》卷287，後漢高祖天福十二年八月，第9375頁。
〔註171〕《資治通鑒》卷287，後漢高祖天福十二年八月，第9375～9376頁。
〔註172〕《資治通鑒》卷287，後漢高祖天福十二年八月，第9376頁。

三、作用

高氏荊南所推行的睦鄰策略，在維護邊境安全，遏制相鄰勢力的入侵，以及獲取供軍財貨等方面，均發揮了積極作用。

其一，消除了直接來自南方鄰邦的戰爭威脅。特別是在高氏荊南後期，伴隨交好四鄰政策的推行，在相當長的一段時期內，高氏荊南邊境無虞，與鄰國的軍事紛爭也基本絕跡。根據史籍記載所顯示的情況來看，至遲在長興元年（930）三月之後，高氏荊南再未遭遇南方諸國的侵襲。這其間固然有奉事中朝所取得的震懾效果，以及南方相鄰政權推行保境息民政策等因素所起的作用，但恐怕更應與高氏荊南交好四鄰的政策有關。

其二，牽制、打擊了相鄰勢力的入侵。睦鄰政策以建立盟友關係爲基本目標，一旦達成上述關係，結盟雙方在一方遭遇外來勢力入侵時，另一方有義務派兵援助。以荊南與吳的關係爲例，後梁貞明五年（919）五月，楚進攻荊南，高季昌求救於吳，吳派遣兩路大軍分別出師潭州、復州，楚軍不戰而退。〔註173〕後唐天成二年（927）三月，後唐將領劉訓率軍進抵荊南，楚將許德勳亦屯兵岳州，荊南危在旦夕，「高季興堅壁不戰，求救於吳，吳人遣水軍援之」〔註174〕。這是吳軍援助荊南的事例。也有荊南應吳之約，共同出兵進攻他國的戰例。天成三年（928）四月，吳將苗璘、王彥章率水軍萬人欲攻打楚國岳州，「吳人進軍荊江口，將會荊南兵」，擬聯兵出擊，結果被楚軍打敗，吳軍鎩羽而歸。上述事例，雖說結果頗不一致，但客觀上顯然具有牽制相鄰勢力入侵的效果，有時甚至可以藉此驅逐外來勢力。

其三，獲取供軍財貨。史載：「從誨東通於吳，西通於蜀，皆利其供軍財貨而已。」〔註175〕胡三省亦云：「高從誨以區區三州介居唐、吳、蜀之間，利其賞賜，所向稱臣。」〔註176〕可見，交好南方鄰國，不僅可以在戰事吃緊時，給高氏荊南帶來軍事上的援助，而且還能以此獲取供軍財貨。這種手段與方法，較之於加重對百姓的盤剝來獲得養軍費用，無疑更爲高明。

〔註173〕《資治通鑒》卷270，後梁均王貞明五年五月，第8845～8846頁。
〔註174〕《資治通鑒》卷275，後唐明宗天成二年三月，第9004頁。
〔註175〕《舊五代史》卷133《高季興傳附高從誨傳》，第1753頁。
〔註176〕《資治通鑒》卷280，後晉高祖天福元年四月，第9141頁。

第四節　高氏荊南與鄰國的軍事紛爭

　　五代十國典型的時代特徵，即是干戈四起，兵燹不休。儘管從總體上看，南方戰事的頻次與烈度均不如北方，但戰火仍時興時滅。高氏荊南與相鄰政權間的爭鬥，亦是屢有所見。

一、經過與結果

　　除後周與北宋外，高氏荊南與相鄰的其他政權間，均發生過次數不一、規模不等的戰事。

　　首先來看荊南與中朝的軍事紛爭，見表 6-6。

表 6-6　荊南與中朝的軍事紛爭一覽表

朝　代	時　間	戰爭經過與結果	史料出處
後梁	末帝乾化二年十二月	高季昌聲言助梁伐晉，進攻後梁襄州，為山南東道節度使孔勍擊敗。自是朝貢路絕。	《資治通鑒》卷 268，第 8764 頁。
後唐	明宗天成二年二月	高季昌遣兵突入後唐夔州而據之；復遣兵襲後唐涪州，不克。	《資治通鑒》卷 275，第 9002 頁。
	天成二年三月至五月	三月，後唐山南東道節度使劉訓至荊南，楚軍屯岳州，高季興堅壁不戰。久攻不下。五月，後唐樞密使孔循至前線，亦不能下。後唐班師。	《資治通鑒》卷 275，第 9002、9004、9005～9006 頁。
	天成二年六月	後唐夔州刺史西方鄴敗荊南水軍於峽中，復取夔、忠、萬三州。	《資治通鑒》卷 275，第 9006 頁。
	天成三年二月	後唐寧江節度使西方鄴攻拔歸州；未幾，荊南復取之。	《資治通鑒》卷 276，第 9013 頁。
	天成三年九月至天成四年七月	三年九月，後唐以房知溫兼荊南行營招討使，知荊南行府事，討伐高季興。四年七月，後唐罷荊南招討使。	《資治通鑒》卷 276，第 9023～9024 頁；卷 277，第 9030 頁。
	天成三年十一月	後唐忠州刺史王雅取荊南歸州。	《資治通鑒》卷 276，第 9024 頁。
後漢	高祖天福十二年八月	高從誨襲後漢襄州，為山南東道節度使安審琦擊敗。又寇後漢郢州，為郢州刺史尹實打敗。	《資治通鑒》卷 287，第 9375 頁。
	隱帝乾祐元年四月	高從誨欲攻郢州，未遂。	《舊五代史》卷 101《漢隱帝紀上》，第 1346～1347 頁。

　　據上表可知，荊南與後梁、後唐、後漢累計發生九次戰爭（包括未遂）。其中，後梁、後漢期間的三次戰爭，都是高氏荊南主動出擊中朝所轄襄州或郢州，但均無功而返。而自後唐明宗天成二年（927）二月至三年（929）十一月，計有戰事六次之多，除在夔州、歸州的爭奪中，一度獲勝外，高氏荊南未嘗勝果。

　　另外，荊南曾於後梁太祖開平三年（909）八月，擊敗後梁叛將李洪的入侵。又於後晉高祖天福六年（941）十二月，出兵援助後晉討伐山南東道節度使安從進的叛亂。

　　其次，再來看荊南與楚的軍事紛爭，見表6-7。

表6-7　荊南與楚的軍事紛爭一覽表

時　　間	戰爭經過與結果	史料出處
後梁太祖開平元年六月	武貞節度使雷彥恭與楚兵聯合進攻荊南。高季昌引兵屯公安，擊敗聯軍。	《資治通鑒》卷 266，第 8683 頁。
開平二年九月	楚將許德勳率水軍至荊南沙頭，高季昌懼而請和。	《資治通鑒》卷 267，第 8704 頁。
開平四年六月	楚軍侵荊南，軍于油口，高季昌打敗楚軍，斬首五千級，逐北至白田而還。	《資治通鑒》卷 267，第 8724 頁。
後梁末帝貞明五年五月	楚軍攻荊南，高季昌求救于吳，吳遣軍來援，楚兵引退。	《資治通鑒》卷 270，第 8845～8846 頁。
後唐明宗天成三年三月	楚水軍攻荊南，在劉郎狀大敗荊南軍隊，進逼江陵，季興請和，歸還楚使史光憲及後唐賜物。	《資治通鑒》卷 275，第 9015 頁。
天成三年四月	吳軍將會荊南兵進攻岳州，被楚軍打敗。	《資治通鑒》卷 276，第 9017 頁。
天成三年六月	楚將許德勳率兵攻荊南，次沙頭，高季興從子高從嗣被楚將拉殺，季興請和。	《資治通鑒》卷 276，第 9020 頁。
天成三年九月	荊南敗楚兵于白田，執楚岳州刺史李廷規。	《資治通鑒》卷 276，第 9023 頁。
後唐明宗天成四年四月	楚六軍副使王環敗荊南兵于石首。	《資治通鑒》卷 276，第 9029 頁。

　　據表可知，荊南與楚在天成四年（929）四月之前，共發生大小戰事九次，荊南僅獲三次勝利，雙方的戰鬥主要在公安、沙頭、油口（今湖北公安縣西北隅）、石首（今湖北石首市）和白田（今湖南岳陽市北）等地展開。並且，其中至少有六次，皆為楚主動向荊南宣戰。這就表明，至遲在後唐明宗天成四年（929）四月之前，楚在軍事上一直處於攻勢，而荊南絕大多數時間均處於守勢。

　　另外，尚需補充的是，在高季入據荊南之初，朗州節度使雷彥恭曾於後梁開平元年（907）六月聯合楚軍進攻荊南，又於同年九月單獨出兵攻打荊南澧陽、公安，但均被高季昌擊退。是年十月，荊南將倪可福、楚將秦彥暉聯手攻擊朗州雷彥恭，雷彥恭降於淮南，朗州併入楚，這股威脅勢力就此消除。因朗州雷彥恭並非南方割據政權，故荊南與其戰爭不以表格形式單獨列出。

　　再次來看荊南與吳、南唐的軍事紛爭，見表6-8。

表6-8　荊南與吳、南唐的軍事紛爭一覽表

時　　間	戰爭經過與結果	史料出處
後梁太祖開平二年四月	淮南遣兵寇石首，襄州兵敗之於瀲港。淮南又遣將李厚率水軍萬五千人攻荊南，高季昌在馬頭大敗敵軍。	《資治通鑑》卷266，第8694頁。
後梁太祖乾化二年十一月至均王乾化三年正月	二年十一月，吳淮南節度副使陳璋等進攻荊南，荊南將倪可福率兵迎敵。三年正月，吳軍不克而還。荊南軍隊與楚軍追之不及。	《資治通鑑》卷268，第8764頁。同書卷269，第8765頁。
後唐明宗長興元年三月	吳派遣軍隊攻荊南，不克。	《資治通鑑》卷276，第9040頁。
後周世宗顯德五年正月	荊南派兵援助後周伐南唐。	《資治通鑑》卷294，第9578頁。

　　據表可知，荊南與吳、南唐戰事相對較少，而且主要發生於後梁、後唐期間。至於後周世宗討伐南唐時，荊南的出兵相助，實際上至多也不過是虛張聲勢而已，並未投入實質性的戰鬥。這也是荊南與南唐長期保持良好關係的客觀反映。

　　最後來看荊南與前蜀、後蜀的軍事紛爭，見表6-9。

表 6-9　荊南與前蜀、後蜀的軍事紛爭一覽表

時　間	戰爭經過與結果	史料出處
後梁均王乾化四年正月	高季昌欲取原荊南鎮轄郡夔、忠、萬等州，以水軍攻夔州，前蜀夔州招討副使張武打敗荊南軍，俘斬五千級。	《資治通鑑》卷 269，第 8782 頁。
後唐莊宗同光三年十月	高季興率水軍上峽取施州，被前蜀峽路招討使張武擊敗。	《資治通鑑》卷 273，第 8942 頁。
後周世宗顯德五年十月	聽聞後周將伐蜀，高保融請以水軍趣三峽。	《資治通鑑》卷 294，第 9588 頁。

　　據表可知，荊南僅與前蜀有過兩次軍事交鋒，與後蜀基本上並無戰事。至於世宗顯德五年（958）伐蜀之前，高保融亦只是故作姿態罷了，其後亦未見有實質性的軍事舉動。

　　綜括前述，不難發現，自高保融改變其父成策，重奉後唐正朔後，荊南與相鄰勢力間的戰爭明顯減少，這種邊境無虞的狀況一直持續到高繼沖納降於宋。

二、原因探究

　　在考察了高氏荊南與鄰國軍事紛爭的具體情況後，無妨對上述一系列戰爭爆發的原因稍做分析。

　　其一，高氏荊南拓展疆域的嘗試。此點在高季昌在位時，表現得尤其明顯。如後梁末帝乾化二年（912）進攻襄州，乾化四年（914）攻擊夔州，後唐莊宗同光三年（925）率水軍進逼施州，明宗天成二年（927）突入夔州、攻打涪州，無一不是爭城奪地，欲擴張地盤的軍事行動。但由於實力平平，上述戰事均未奏效，高季興甚至屢屢大敗而歸。高從誨在位前期，亦有意於拓展疆域。後漢高祖天福十二年（947），高從誨曾先後攻打襄州和郢州；次年，又有試圖用兵郢州的舉動，但依然難逃失敗的結局。鑒於擴張領土的軍事行動，一次次以折戟而收場，自此之後，高氏荊南完全放棄擴大版圖的計劃，而以自保三州為務。

　　其二，不尊王命的結果。由不尊王命而引發的戰爭，至為典型的是，後唐明宗天成（926～930）年間中朝對荊南的大規模用兵。此次戰爭分兩個階段，前一階段為天成二年（927）三月至當年五月，後一階段為天成三年（928）九月至天成四年（929）七月。其間，西有西方鄴等對夔、忠、

萬、歸州的攻取，南有楚馬殷的不斷進逼，高氏荊南政權幾乎就此不保。再有就是高從誨於天成四年（929）七月，改圖於後唐後，於長興元年（930）三月斷絕與吳的臣屬關係，亦引來吳軍的攻擊，而此次戰爭似乎影響並不大。

其三，鄰國逞兵的表現。雖然南方各割據勢力大多推行保境安民政策，但絕非刀槍入庫，馬放南山，或爲削弱他方以減少威脅，或爲吞併鄰邦而壯大實力，南方各國間互啓邊釁、交相攻伐的戰事亦時有發生。高氏荊南在後梁、後唐期間屢遭侵襲，其中有相當一部分就是楚、吳兩國的擴張戰爭。以南方的楚國爲例，後梁開平二年（908），楚將許德勳進攻荊南；開平四年（910），楚軍陳兵油口；貞明五年（919），楚軍再次尋釁於荊南；天成三年（928）和天成四年（929），又先後三次進擊荊南。楚軍數次揮師荊南，起初不乏吞併其地的意圖，嗣後，因楚國君臣深感保存荊南有利於緩衝中朝兵鋒，故而才不再以荊南爲敵。楚國主動出擊荊南的戰事，隨之消失。吳在後梁期間，也曾兩度進攻荊南，其實也是該國向東拓展地域的努力。

另外，因荊南斷絕楚朝貢之路而引發的戰爭，也有兩例。後梁開平二年（908）九月，高季昌屯兵漢口，阻斷楚出使中原的道路，引來楚將許德勳的進攻。天成二年（929）五月，高季興攔劫楚貢使及後唐賜物，次年三月，楚馬殷即派水軍攻擊荊南。兩次戰事均以高季興的請和而結束。

要之，高氏荊南與鄰國間的軍事紛爭，既有因自身向外擴張而引發者，亦有因自身挑釁而致者，還有因鄰邦逞強用武而來者。因此，高氏荊南在其前期，一直深陷戰爭陰霾之中，一連串的戰事屢屢給荊南的存在造成莫大的威脅。就此來說，如何處理戰爭與立足的問題，實際上是高季興在位時必須予以解決的最大難題。

三、意義分析

高季興在位期間，荊南與鄰國間的軍事紛爭不斷。客觀而言，不論荊南在上述歷次戰爭中是主動者，還是被動者，在一系列的內外戰爭之後，高氏荊南不僅成功地捍衛了自身的安全，顯示了自身的防禦實力，並且在四境之上構建出一種相互制衡的軍事地理格局。

首先是捍衛自身安全。前文已述，地狹兵弱的高氏荊南在後梁、後唐期間，屢屢是鄰邦覬覦的對象，特別是南面的馬楚更是多次用強於荊南。其主

要原因在於，楚與荊南在長江一線地理相接，加之荊南荊州屬縣，如公安、
石首等均在長江以南，與楚國北境毗鄰，無險可守，直接暴露於楚軍兵鋒之
一，頗便奔襲，所以公安、石首等地便屢屢成爲楚軍攻擊的對象。更有甚者，
楚軍往往直接縱深，抵達江陵城郊的沙頭，威脅江陵城的安全。因此，抵禦
楚軍進攻，成爲高氏荊南前期經常性的任務。儘管在與楚軍的交戰中，高氏
荊南常處下風，但高季興並未一味採取困守之策，而是屢有率軍迎敵的行動。
但這種迎擊，亦並非孤注一擲、魚死網破的冒險，在成算不大，或勢蹙力竭
之時，高季興往往不惜屈節求和，如後梁開平二年（908）九月、後唐天成三
年（928）三月、天成三年（928）六月的戰爭，均以高季興請和而止，在實
力明顯不足的情況下，這種手段無疑是保全自身的明智之舉。所以，儘管與
楚的戰爭不斷，乃至其後更有中朝的大軍壓境，但高氏荊南或施之以逆戰、
或行之以求和、或禦之以堅守，終能使荊南成功躲過一次又一次的致命性打
擊，免於覆滅之災。

　　其次是展示自身實力。在頻繁的內外戰爭中，高氏荊南的軍事實力也得
以顯現。雖然荊南主動進攻的能力確實有所欠缺，在戰場上少有勝績，但在
守禦能力上卻非同一般。正面迎敵而獲勝的例子，有後梁開平四年（910）六
月和後唐天成三年（928）九月的兩次戰爭。至于堅守江陵城而退敵的事例，
至爲有代表性的，莫過於後唐明宗天成二年（927）和天成三年（928）的兩
次戰事。天成二年（927）二月，明宗下詔調發三路大軍圍攻荊南。次月，後
唐軍隊來勢洶洶，直逼江陵城下，高季興堅壁不戰。明宗原以爲可一舉蕩平
荊南，不料一月之後，江陵城仍然固若金湯。明宗遂於四月下詔荊南招討使
劉訓：

　　　　朕昨以妙選帥臣，往除兇孽，自長驅於銳旅，將併擊於孤城，
　　已發使臣，疊頒詔諭，料龍韜之此舉，顧蟻蛭以即平。今已漸向炎
　　蒸，不可持久，切在訓齊貔虎，速進梯衝，必期此月之中，須殄干
　　天之逆。貴令戰士，免至疲勞，兼翼生民，早諧蘇息。惟卿忠烈，
　　體朕憂勤，儻能克副於指呼，便見立成其功效。固於酬獎，予無悋
　　焉。〔註177〕

即便如此，劉訓仍然未能攻下江陵。明宗不得已，又於同年五月，派遣樞密
使孔循至前線督戰，「及孔循至，得襄之小校獻竹龍之術，及造竹龍二道，傅

〔註177〕《冊府元龜》卷123《帝王部・征討三》，第1475頁。

於城下，竟無所濟」〔註178〕，遂罷兵。天成三年（928）九月，明宗又任命房知溫爲荊南招討使，但直至次年七月，後唐軍隊仍然無法攻克江陵。

高氏荊南能夠取得這次江陵保衛戰的勝利，固然有其他因素的介入，如久雨、後唐軍隊的疾疫、劉訓的病重等等，但至爲關鍵的因素，無疑是江陵城的堅固。後梁期間，高季昌屢次擴修江陵城，其作用至此終於得以體現。通過上述兩次戰役亦可看出，高氏荊南並非不堪一擊，特別是江陵的防禦能力，足可抵擋大規模的軍事進攻。高氏荊南的軍事實力，也由此得到一定程度的展示。這種軍事實力的顯露，多少能使其他勢力企圖入侵荊南時，心存顧忌。

最後是構建相互制衡的軍事地理格局。在高氏荊南與鄰國的軍事紛爭中，經常能見到荊南在遭受侵襲時，求救於鄰邦的事例。如後梁末帝貞明五年（919）五月，楚軍攻荊南，高季昌求救於吳，吳遣軍援之。也有荊南與他國聯手對付另一方的記載。如後唐天成三年（928）四月，吳軍聯合荊南進攻楚岳州。雖然這些事例並不多見，但其間所隱含的意義頗當留意。簡單來說，高氏荊南依賴與中朝、吳等政權所建立的良好關係，充分利用各政權間的矛盾與衝突，在其四境之上構建出一種相互牽制的勢力網，從而使自身從孤立無援的境地中擺脫出來，亦使相鄰勢力不敢率意陳兵於荊南，最終實現保全其境的目的。

「兵者，兇器也」，但五代十國時期，狼煙遍地，兵戈不息，若全然缺乏軍事實力的支撐，割據政權注定不可能長久地自立一方。高氏荊南既是戰爭的產物，同時伴隨著戰爭的進行，又經受了多次戰火的考驗和洗禮，並日益鞏固了對本地區的統治。

〔註178〕《舊五代史》卷61《劉訓傳》，第821頁。《冊府元龜》卷438《將帥部·無功》所載大致相同，第5200頁。

第七章　高氏荊南的經濟

第一節　高氏荊南經濟發展的基礎

　　高氏荊南經濟發展的基礎，離不開前代的開發之功，特別是有唐一代本地區經濟的發展，直接爲高氏荊南經濟的恢復和上昇，提供了前提。並且，本地區豐富的物產資源、多樣化的產業資源，以及便利的交通條件,同樣爲高氏荊南經濟的增長,奠定了良好的基礎。

一、唐代本地經濟發展概況

　　有唐一代，荊、歸、峽三州的經濟發展水平，高下不一，歸州、峽州遠遜於荊州。

　　峽州至北宋仍相當落後,《太平寰宇記》卷 147《山南東道六・峽州・風俗》稱：「士女治麻楮，不事蠶桑，男子力（按，當爲「刀」誤）耕火種，不知文學。其信巫鬼，重淫祀，與蜀同風。」歐陽修亦曾說過：「峽州治夷陵，地濱大江，雖有椒、漆、紙以通商賈，而民俗儉陋，常自足，無所仰於四方。販夫所售，不過鱐魚腐鮑，民所嗜而已。富商大賈皆無爲而至，地僻而貧。」〔註1〕北宋尚且如此，唐五代的情形自然更差。關於唐代峽州的生產、生活狀況，杜甫有詩云：「孤城麥秀邊……下水不勞牽。」〔註2〕唐末鄭穀亦云：「江春鋪網闊，市晚鬻蔬遲。」「夜船歸草市，春步上茶山。」〔註3〕多少能反映

〔註1〕《居士集》卷39《夷陵縣至喜堂記》，見《歐陽修全集》，第269頁。
〔註2〕〔清〕彭定求等編：《全唐詩》卷232，杜甫：《行次古城店泛江作不揆鄙拙奉呈江陵幕府諸公》，中華書局點校本1960年版，第2556頁。
〔註3〕《全唐詩》卷674，鄭穀：《峽中寓止二首》，第7712頁。

出峽州小農生活的一些面貌。峽州山地農業的特點較爲鮮明，即所謂刀耕火種，這是該地農業仍處於較爲原始落後階段的眞實寫照，其方法通常首先由男人砍樹伐草，就地焚毀，以其灰作肥料，繼而挖土爲洞，撒上種子，之後則少有田間管理，基本屬於「望天收」的簡單農作方式。由於缺乏耕地、鋤草等必要環節，故而地力下降迅速，幾年之後，即瀕臨絕收之境，惟能棄置，另闢新地耕種。

歸州始建於唐初，位於峽州以西。由於兩地相近，州民生產生活習俗亦大體一致。其耕作方式一如上述峽州，麻楮的生產，亦依賴刀耕火種。儘管史籍中記載唐至五代歸州經濟的文字極爲少見，但從南宋時期反映本地區經濟狀況的有關記述來看，唐代歸州經濟發展水平較之峽州更低，所謂「峽路州郡固皆荒涼，未有若歸之甚者」〔註4〕。《輿地紀勝》卷74《荊湖北路‧歸州‧風俗形勝》引《建平嘉禾詩序》亦稱：「湖楚之北，郡十有二，歸之地最爲貧埆。」同書同卷又引《荊州記‧建平郡下》云：「郡少農桑，農不如工，工不如商。」而據南宋陸游《入蜀記》引賈守之語曰：「州倉歲收秋夏二料，麥、粟、粳米，共五千餘石，僅比吳中一下戶耳。」〔註5〕這時已是南宋孝宗時期，即使距高氏荊南統治時期，也已長達兩百餘年，更無論唐代了。此時歸州一州所納稅僅比吳中一下戶，或許多少有些失實，但歸州稅收極少應是勿庸置疑的。而導致兩稅甚少的原因，當然在於本地糧食產量較低的客觀事實。唐代歸州經濟發展水平之落後，即此不難窺知。

地處江漢平原腹心的荊州，則是本地區經濟發展的翹楚。荊州的政治、經濟、軍事中心爲江陵，本地是先秦楚國和南朝後梁的都城，又是唐代全國五大都督府之一，且是南都所在。地當南北交會之處，水陸來往極爲便利。六朝時期，荊、揚並舉，極其繁榮。北周滅後梁後，因受戰火衝擊，本地農業一度中衰。隋代南郡轄地，較唐代荊州爲廣。唐高祖武德四年（621），平定蕭銑後，荊州大總管李孝恭「開置屯田，創立銅冶，百姓賴焉」〔註6〕。安史亂起，中原殘破，「自至德（756～758）後，中原多故，襄、鄧百姓，兩京衣冠，盡投江、湘，故荊南井邑，十倍其初」〔註7〕。唐德宗貞元（785

〔註4〕《吳船錄》卷下，第865頁。
〔註5〕《入蜀記校注》卷6，第222頁。
〔註6〕《舊唐書》卷60《宗室‧李孝恭傳》，第2348頁。《冊府元龜》卷678《牧守部‧興利》，第8101頁。
〔註7〕《舊唐書》卷39《地理志二‧山南道》，第1552頁。

～805）中，荊南節度使李皋於江陵東北修復漢水沖壞的古堤兩處，「廣田五千頃，畝得一鍾」〔註8〕。經濟的恢復，致使流民紛至沓來，唐僖宗乾符五年（878）春正月，在王仙芝撤離江陵之前，「江陵城下舊三十萬戶」，此役之後，「死者什三四」。〔註9〕實際上，以上引文所稱「荊南井邑，十倍其初」，主要是流民所致。《太平寰宇記》卷146《山南東道五・荊州・風俗》即云，「唐至德之後，流傭聚食者眾，五方雜居，風俗大變」。本地居民住宅原先普遍為茅舍，材料以竹為主，架竹苫茅，和之以泥，因而居之，渴飲江水、塘水。中唐之後，瓦屋漸興，汲引井水。習俗的改變與生產發展密切相關。〔註10〕

　　就農業生產的耕作技術而言，盛唐以前的長江流域已經產生稻麥復種制，其後又逐漸向周邊地區推廣。〔註11〕荊州所在的江漢平原地區，由於氣候溫暖濕潤，生長期較長，自然災害頻率不高，加之早、中、晚三大水稻品種在唐代的出現，以及包括綠肥等多種肥料的開始使用，大致本地區在唐代也已出現稻麥復種制。〔註12〕在這種耕作制度下，荊州種植，首推水稻。孟浩然曾說，「始慰蟬鳴柳（一作稻）」〔註13〕王建詩稱：「看炊紅米煮白魚，夜向雞鳴店家宿。」〔註14〕白居易亦云，在江陵「水淺紅粒稻」〔註15〕，可知唐代荊州盛產蟬鳴稻。而紅米飯與白魚並舉，雖頗有秦漢時期飯稻羹魚的色彩，但其時的生產早已告別火耕水耨的時代。這種生產方式，實則是農業生產中多樣化、多成分的有機結合，即復合農業。〔註16〕中唐詩人錢起說：在荊州，「時和俗勤業，播殖農厥壤。陰陰桑陌連，漠漠

〔註8〕　《舊唐書》卷131《李皋傳》，第3640頁。《新唐書》卷40《地理志四・山南道》記為：「廣良田五千頃，畝收一鍾。」第1028頁。

〔註9〕　《資治通鑒》卷253，唐僖宗乾符五年正月，第8195頁。

〔註10〕　張澤咸：《漢晉唐時期農業》，中國社會科學出版社2003年版，第467～469頁。

〔註11〕　參見李伯重：《我國稻麥復種制產生於唐代長江流域考》，《農業考古》1982年第2期；林立平：《唐代主糧生產的輪作復種制》，《暨南學報》1984年第1期。

〔註12〕　參見牟發松：《唐代長江中游的經濟與社會》，武漢大學出版社1989年版，第47頁；陳鈞等：《湖北農業開發史》，中國文史出版社1992年版，第68頁。

〔註13〕　《全唐詩》卷160，孟浩然：《荊門上張丞相》，第1658頁。

〔註14〕　《全唐詩》卷298，王建：《荊門行》，第3385頁。

〔註15〕　《全唐詩》卷440，白居易：《江州赴忠州至江陵已來舟中示舍弟五十韻》，第4913頁。

〔註16〕　參見張家炎：《復合農業——認識中國傳統農業的新視野》，《農業考古》1995年第3期。

水田廣」。〔註17〕晚唐宰相韋宙，「江陵府東有別業，良田美產，最號膏腴，積稻如坻，皆爲滯穗」。其自述「江陵莊積穀尙有七十堆」，唐懿宗稱之爲「足穀翁」。〔註18〕這些正是荊州水田眾多、生產走向復合型階段、田畝產量大幅度提高的客觀反映。

　　既然採用的是復種制耕作模式，水田之外，自然少不了旱地。事實上，荊州旱地亦不少。李白嘗云：「荊州麥熟繭成蛾。」〔註19〕王建談到荊南時，也說：「賣馬市耕牛，卻歸湘浦山。麥收薥上簇，衣食應豐足。」〔註20〕李紳亦言：「青青麥隴啼飛鴉。」〔註21〕王建又有詩云：「人家燒竹種山田。」〔註22〕荊門僧尚顏說，「黍苗一頃垂秋日，茅棟三間映古原」〔註23〕。蠶麥同時收穫，田間還種黍子，俟秋收刈，體現的仍然是復合農業的路子。

　　有學者根據上引李皋在江陵「廣田五千頃」、「畝得一鍾」的說法，推斷唐代江陵地區畝收一鍾的產量，折合今制爲一市畝產 662 市斤。〔註24〕這種畝產數量，比西漢時期的江陵高產水稻折合畝產 400 斤提高了近六成。〔註25〕也大大超過唐代湖北一般畝產 300 斤一倍有餘。〔註26〕如此高的畝產數量，固然可能有復種制的因素在起作用，但其土地生產率顯然已經達到一個全新的高度，這是不容置疑的事實。當然，這種情況可能僅僅限於生產條件較好的江陵及其附近地區，其他如丘陵、山區等地則無疑要低很多。農業生產水平的急劇攀升，致使江陵餘糧眾多，甚至支持外地以賑災，盛唐時即已有「河朔人無歲，荊南義廩開」〔註27〕的說法。

〔註17〕　《全唐詩》卷 236，錢起：《奉和張荊州巡農晚望》，第 2615 頁。

〔註18〕　〔宋〕王讜撰，周勛初校証：《唐語林校証》卷 7《補遺》，中華書局 1987 年版，第 651 頁。《北夢瑣言》卷 3《韋宙相足穀翁》，第 54 頁。《太平廣記》卷 499《韋宙》，第 4095 頁。後二書，「七十」均作「七千」。

〔註19〕　《全唐詩》卷 26，李白：《荊州樂》，第 358 頁；又卷 163，李白：《荊州歌》，第 1692 頁。

〔註20〕　《全唐詩》卷 297，王建：《荊南贈別李肇著作轉韻詩》，第 3366 頁。

〔註21〕　《全唐詩》卷 480，李紳：《過荊門》，第 5462 頁。

〔註22〕　《全唐詩》卷 298，王建：《荊門行》，第 3385 頁。

〔註23〕　《全唐詩》卷 848，僧尚顏：《贈村公》，第 9602 頁。

〔註24〕　胡戟：《李皋與江陵創造的唐代糧食單產記錄》，載黃惠賢、李文瀾主編：《古代長江中游的經濟開發》，第 151 頁。

〔註25〕　西漢江陵畝產數估記，引據游修齡：《西漢古稻小析》，《農業考古》1981 年第 2 期。

〔註26〕　《湖北通史·隋唐五代卷》，第 259～260 頁。

〔註27〕　《全唐詩》卷 87，張說：《送任御史江南發糧以賑河北百姓》，第 949 頁。

　　與農業的迅速發展相呼應，農業的多種經營亦很普遍。因種橘而獲利者，亦見諸史籍：「唐荊南有富人崔導者，家貧乏，偶種橘約千餘株，每歲大獲其利。」〔註28〕

　　唐代荊州的絲蠶、麻布均列爲貢物。其中蠶桑業的發達，爲紡織業的興盛創造了條件，荊州即是江漢紡織業的中心，李白曾說：「荊州麥熟繭成蛾，繅絲憶君頭緒多。」〔註29〕元稹詩云：「東家頭白雙女兒，爲解挑紋嫁不得。」緣由是「貢綾戶有終老不嫁之女」。〔註30〕可見，當地不僅絲織業的專業水平很高，而且還有區別於一般民戶自繅自織的專業貢綾戶，專門織造上貢物品。

　　手工業中，造船業亦有一定基礎。唐末成汭鎮荊南時，嘗「造巨艦一艘，三年而成，號曰『和州載』。艦上列廳事泊司局，有若衙府之制。又有『齊山』、『截海』之名，其於華壯，即可知也」〔註31〕。淮南將李神福大敗成汭之後，即「獲其戰艦二百艘」〔註32〕。由此不難想見荊南造船業規模的可觀。

　　而且，江陵地處長江中游，是唐代南北東西的重要轉運中心。劉禹錫指出，江陵「……自古如今要路津。……風天氣色屬商人」〔註33〕。杜甫亦一再說，江陵「地利西通蜀，天文北照秦。風煙含越鳥，舟楫控吳人」。「……大兒結束隨商旅。朝發白帝暮江陵……」。「蜀麻久不來，吳鹽擁荊門。……商旅自星奔」〔註34〕。因此，江陵城內，遍佈商行、旅店，但即便如此，邸店亦是供不應求，以至有「荊楚賈者，與閩商爭宿邸」〔註35〕之事發生。雲集於此的行商坐賈，除有湘、蜀、揚、廣以及北方商人外，其中亦有不乏來自異域的外商，城內的「高麗坡底（坊）」〔註36〕，就是「寄住蕃客」的所在。而在中外商人中，一些大批發商實力最爲雄厚，其貿易以批發銷售南北

〔註28〕《太平廣記》卷415《崔導》，第3382頁。
〔註29〕《全唐詩》卷26，李白：《荊州樂》，第358頁。
〔註30〕〔唐〕元稹：《元稹集》卷23《織婦詞》，中華書局點校本1972年版，第260頁。
〔註31〕《北夢瑣言》卷5《成令公和州載》，第107頁。
〔註32〕《資治通鑒》卷264，唐昭宗天復三年五月，第8609頁。
〔註33〕《全唐詩》卷361，劉禹錫：《自江陵沿流道中》，第4082頁。
〔註34〕《全唐詩》卷232，杜甫：《江陵望幸》，第2560頁；同書卷221，杜甫：《最能行》、《客居》，第2335、2331頁。
〔註35〕《清異錄》卷1《麼麼門·腹兵》，第56頁。
〔註36〕〔宋〕錢易：《南部新書》卷丁，中華書局點校本2002年版，第46頁。

貨物爲主。江陵的郭七郎即是典型代表，據說「其家資產甚殷，乃楚城富民之首，江淮河朔間，悉有賈客仗其貨買易往來者」〔註37〕。本地轉運和批發的貨物品種，以外地產品爲大宗，前引唐詩中的「蜀麻」與「吳鹽」即是其證。並且，這種轉運和批發貿易，在江陵地區的表現，唐代後期明顯超過前期。〔註38〕

二、物產資源與產業資源

在決定一個地區經濟發展現狀的眾多因素中，物產資源和產業資源亦是不可忽視的內容。物產資源與產業資源包括眾多因素，此處物產資源主要指本地的土產，而產業資源則用於強調本地農業、手工業、商業等行業。

先說物產資源。五代時期，荊、歸、峽三州物產資源的有關情況，現存史籍缺乏記載。但一般說來，某地區物產資源受時代變遷的影響，並不是非常明顯，尤其是高氏荊南統治本地區僅有五十餘年，其物產資源應與其前後的唐宋兩代差別不大，因此，高氏荊南物產資源的基本情況，可從唐宋時期的有關記述中得到反映。

峽州在唐代的物產主要有，紵葛、箭竹、柑、茶、蠟、芒硝、五加、杜若、鬼臼等。〔註39〕開元（713～741）時期的上貢物品及具體數額爲：「茶二百五斤；柑子二千顆；五加皮二斤；杜若二斤；芒硝四十斤；鬼臼二斤；蠟百斤。」〔註40〕宋代峽州土產大體如此，有葛、蠟、茶、硝四項〔註41〕，土貢有「芒硝、杜若、五加皮各一十斤」〔註42〕。而在上述數項物產中，峽州茶最負盛名。中唐以前，峽州茶就已馳名，陸羽《茶經》卷下《八之出》首列峽州茶，該州下轄遠安、宜都、夷陵三縣所產茶葉高居上等。峽州所產碧澗、明月、茱萸諸品種，始終是唐代茶葉中的上乘，在飲茶風氣尚未普及開來的唐代前期，峽州是當仁不讓的貢茶州。中唐以後，據楊曄《膳夫經手錄》載：夷陵又有小江源茶，產量雖不高，其質量卻「又勝於茱萸簝矣」。至宋代，

〔註37〕 《太平廣記》卷499《郭使君》，第4097頁。

〔註38〕 《湖北通史‧隋唐五代卷》，第299～300頁。

〔註39〕 《新唐書》卷40《地理志四‧山南道》，第1028頁。

〔註40〕 《通典》卷6《食貨六‧賦稅下》，第122頁。

〔註41〕 《太平寰宇記》卷147《山南東道六‧峽州‧土產》，第315頁。

〔註42〕 〔宋〕王存：《元豐九域志》卷6《荊湖路‧北路‧峽州》，中華書局點校本1984年版，第271頁。《宋史》卷88《地理志四‧荊湖北路‧峽州》載：「貢五加皮、芒硝、杜若。」第2195頁。

峽州茶的地位則明顯有所下降，已不再被列入貢品。

唐代歸州出產物品主要有，紵葛、茶、蜜、蠟四項。〔註 43〕物產瘠薄，故開元年間僅「貢蠟四十斤」〔註 44〕。宋代歸州土產主要蠟、紵布、巴戟、黃藥等，〔註 45〕所貢物品惟有紵一項。〔註 46〕

荊州物產資源相較豐富。唐代，「江陵郡（今荊州），貢白方文綾二十疋；橘皮九十斤；梔子五斤；貝母七斤；覆盆子三斤；石龍芮一斤；烏梅肉十斤」〔註 47〕。另有史書亦稱：江陵府江陵郡土貢有，方紋綾、貲布、柑、橙、橘、樺、白魚、糖蟹、梔子、貝母、覆盆、烏梅、石龍芮。〔註 48〕江陵上述物產中，橙、柑、橘尤為豐盛，唐詩中即有不少吟詠荊州柑橘的詩句，如「邑人半艫艦，津樹多楓橘」〔註 49〕；再如「白魚如切玉，朱橘不論錢」〔註 50〕；又如「無貪合浦珠，念守江陵橘」〔註 51〕。本地柑橘種植之廣、出產之多、味道之美，概可想見。五代時期，柑橘仍是本地特產。史載：後梁開平元年（907）五月，「荊南高季昌進瑞橘數十顆，質狀有味，倍勝常貢，且橘當冬熟，今方仲夏，時人咸異其事，因稱為瑞」〔註 52〕。此處提到的瑞橘雖然數量不多，本當冬熟之橘如何保存至五月，亦不得而知，但此例已顯示出柑橘在當時的江陵，確實是較有特點的土產之一。

宋代江陵府土產則有，「綿絹、方綾、甘草、烏梅、貝母、柑子、橙子、白魚、橘」。「松滋縣出碧澗茶，沈子曰：茶餅茶牙。今貢」〔註 53〕。土貢物色為，「土貢。綾、紵各一十匹。碧澗茶六百斤」〔註 54〕。《宋史》卷 88《地理志四‧荊湖北路‧江陵府》亦載：「貢綾、紵、碧澗茶芽、柑橘。」而在上述數項物產中，松滋縣出產的碧澗茶已然躋身於名茶之列，五代時期是否如此，尚難判定。

〔註 43〕《新唐書》卷 40《地理志四‧山南道》，第 1028 頁。
〔註 44〕《通典》卷 6《食貨六‧賦稅下》，第 122 頁。
〔註 45〕《太平寰宇記》卷 148《山南東道七‧歸州‧土產》，第 319 頁。
〔註 46〕《宋史》卷 88《地理志四‧荊湖北路‧歸州》，第 2196 頁。
〔註 47〕《通典》卷 6《食貨六‧賦稅下》，第 120〜121 頁。
〔註 48〕《新唐書》卷 40《地理志四‧山南道》，第 1027 頁。
〔註 49〕《全唐詩》卷 47，張九齡：《登郡城南樓》，第 567 頁。
〔註 50〕《全唐詩》卷 229，杜甫：《峽隘》，第 2506 頁。
〔註 51〕《全唐詩》卷 465，楊衡：《送王秀才往安南》，第 5283 頁。
〔註 52〕《舊五代史》卷 3《梁太祖紀三》，第 52 頁。
〔註 53〕《太平寰宇記》卷 146《山南東道五‧荊州‧土產》，第 306 頁。
〔註 54〕《元豐九域志》卷 6《荊湖路‧北路‧江陵府》，第 266 頁。

　　將上述唐、宋兩朝三州的土產與上貢物品加以比較，可知兩者差別並不太大，其間的淵源關係甚為明瞭。如宋代峽州的葛、蠟、茶、芒硝等土產，芒硝、杜若、五加皮等土貢物色，唐代皆有。再如宋代歸州土產的蠟、紵布，亦見於唐代，惟上貢之物由蠟變為紵布。又如宋代江陵府土貢中的綾與柑橘，在唐代即為上貢物資。由此來看，介於唐宋之間的高氏荊南統治時期，其物產資源可能也應居於唐、宋兩代物產的中間水平，並無可能與此前此後有太多不同，至少應接近於宋代。如果這種推測大體不誤，則高氏荊南時期，以上三州土產大致有葛、蠟、茶、芒硝、紵布、綾與柑橘等數項。其中，茶之一項，尚有具體例證。長興三年（932）十月，荊南即曾向後唐貢茶。〔註55〕

　　另外，高氏荊南曾設置荊門軍，此地在唐代是江陵府下轄縣，宋代中葉曾復置荊門軍，其後則屢興屢廢。據《太平寰宇記》卷146《山南東道五・荊門軍》載：該地「土產並與襄荊二州同」。不過，值得一提的是，因荊門軍境內遍佈丘陵、山地，適宜竹林生長，故而竹材相對充足。此點仍可從北宋時期的有關情況予以說明。史載：宋仁宗年間，李參「知荊門軍，荊門歲以夏伐竹，並稅簿輸荊南造舟，積日久多蠹惡不可用，牙校破產不償責。參請多伐竹，度其費以給，餘募商人與為市，遂除其害」〔註56〕。既然每年伐竹用以造船，可知竹資源之豐富。考慮到竹林再生性極強的特點，五代時期的荊門軍或荊門縣竹資源的情形，應該與此相近。

　　再說產業資源。荊州所在的江漢平原地區，自秦漢以來即已形成「飯稻羹魚」的生產生活模式，是典型的魚米之鄉。唐代農業情形已如上述，至高氏荊南時期，以水稻種植為特色的農業，仍當是本地區基礎性產業之一，一直到宋代仍有「其土宜穀稻」〔註57〕的說法。在後晉天福六年（941）十二月，後晉討伐安從進的叛亂中，高從誨曾「饋軍食以助」〔註58〕晉軍，其中的糧食應當以稻米為主。

　　紡織業中絲織業的情形，通過考察高氏荊南的上貢物品即能略知一二。茲將史籍所見歷次上貢絲織品及其數量製成下表。

〔註55〕《舊五代史》卷43《唐明宗紀九》，第595頁。
〔註56〕《宋史》卷330《李參傳》，第10618～10619頁。
〔註57〕《宋史》卷88《地理志四・荊湖北路》，第2201頁。
〔註58〕《舊五代史》卷133《高季興傳附高從誨傳》，第1753頁。

表 7-1　高氏荊南歷次上貢絲織品及數量一覽表

時　間	上貢絲織品及數量	史料出處
後漢高祖天福十二年（947）	異紋綺錦三百疋，筒卷白羅二百疋，白花羅一百疋。	《冊府元龜》卷 169《帝王部・納貢獻》，第 2042 頁。
後漢高祖乾祐元年（948）六月	網錦五十疋、繡錦六株五十段、羅二百疋。	同上。
後周太祖廣順元年（951）正月	法錦二十疋。	《十國春秋》卷 101《荊南二・貞懿王世家》，第 1446 頁。
後周太祖廣順三年（953）六月	法錦五十疋、鹿胎袴段六、緇襜面等各一百事。	同上書同卷《荊南二・貞懿王世家》，第 1447 頁。
宋太祖建隆二年（961）正月	錦綺。	《宋會要輯稿》蕃夷七之二，第 7840 頁。

另外，高氏荊南滅亡後，宋太祖建隆四年（963）四月，時爲宋廷荊南節度使的高繼沖又借助宴名義，獻絹二千疋，紫羅雲鳳額三十，龍鳳柱衣二十，白羅花株屏風十。〔註 59〕

上述進貢物品中，絹、錦綺、綺錦、白羅、白花羅、網錦、繡錦、法錦、袴段、緇襜面、錦繡幃襆等等，都是絲織品無疑，儘管不能排除其中有來自外地而通過貿易所得者，但其中的絕大部分必然是本地所產。表中所列絲織品，又以絹進貢的數額最大，出自本地絲織業的可能性也最大。據此，至少可以說明，絲織業中絹的生產最爲普遍和常見，這也是本地絲織業發展的表徵。高保融在位時，曾有「器械金帛，皆土地常產」〔註 60〕的話頭，其中提到的「帛」，乃本地經常性的產品，由此亦可印證本地絲織業是長期存在的產業。並且，高氏荊南屢屢以絲織品作爲貢奉之物，想來其質量亦不會太差。

本地造船業則是由來有自，唐末成汭即於此地大規模製造戰船〔註 61〕，高氏荊南時期亦未中輟。荊州以水爲險，荊南軍隊的主體爲水軍，在其內外戰爭中，艦船之類的運載工具必不可少，造船業緣此而興。史載，後梁乾化三年（914）九月，高季昌即造戰艦五百艘。〔註 62〕後唐天成元年（926）四月，高季興又有大造戰艦之舉。〔註 63〕後晉高祖時，高從誨爲邀賞求媚於中

〔註 59〕《宋會要輯稿》番夷七之二，第 7840 頁。

〔註 60〕《新五代史》卷 69《南平世家》，第 859 頁。

〔註 61〕《北夢瑣言》卷 5《成令公和州載》，第 107 頁。

〔註 62〕《資治通鑑》卷 268，後梁均王乾化三年九月，第 8776 頁。

〔註 63〕《資治通鑑》卷 275，後唐明宗天成元年四月，第 8980 頁。

朝，曾在後晉使者陶穀出使荊南期間，「大陳戰艦於樓下」〔註64〕，假意表達助晉伐吳、蜀的願望。後周世宗用兵南唐，荊南以戰艦五百艘駐鄂州助戰。〔註65〕關於高氏荊南艦船的此類記載還有很多，無須一一臚列。上述事例已足以表明，高氏荊南官營造船業的興盛。

高氏荊南的官營手工業亦不止造船一項，器械之類大多亦是本地所產。後周顯德三年（956）二月，在高氏荊南的貢物之中，即有「九鍊純鋼手刀、弓箭諸物」〔註66〕。諸般物事，顯然均繫高氏荊南官營作坊製造。

上述物產資源與產業資源，是高氏荊南賴以發展經濟的基本條件。此外，高氏荊南還具有極為便利的水陸交通條件，是溝通南北、連結東西的交通樞紐。

三、交通條件

古代中國疆域以黃河、長江流域為主體，而其間橫亙秦嶺、伏牛、桐柏、大別等山脈，自秦漢以來，南北交通大體形成東、西、中三條主線。西線由關中越秦嶺以西，循嘉陵江進入巴蜀。東線由淮水入長江，抵長江下游地區，運河開鑿後，汴河河道為其主要通道。中線則由關中東南行，由河洛西南行，皆至宛（南陽）、鄧，再循白水流域，南下襄陽，復南循漢水至長江中游的荊楚地區。三線之中，中道最為通衢，「此道南行則有長江最大支源漢水為之灌輸，水陸均便，正南為荊州（江陵），東南為鄂州（武昌），乃古雲夢之兩端，長江之中游，西溯巴、蜀，東下吳、越，南由洞庭、鄱陽達於嶺表。故此道北輸，兼及關中盆地與黃河平原；此道南輸，網及長江、珠江兩流域」。「就唐代三道所屬之交通網而言，中道最廣，西道因遠遜，則東道亦非其比」〔註67〕。自唐代中期開始，由於藩鎮割據愈益猖獗，淮、汴阻兵，中道更成為轉輸東南財賦至關中的唯一孔道，此條運輸線以江、漢路與商山路為主幹，亦時常被謂為南路〔註68〕。南路運輸在唐代中後期一度極為活躍，江陵即處於這條交通要道的樞紐位置，唐廷之所以在荊州置鎮設都，其意圖即在於通過嚴控

〔註64〕《新五代史》卷69《南平世家》，第858頁。

〔註65〕《十國春秋》卷103《荊南四·魏璘傳》，第1467頁。

〔註66〕《十國春秋》卷101《荊南二·貞懿王世家》，第1448頁。

〔註67〕嚴耕望：《唐代交通圖考》卷4《山劍滇黔區·荊襄驛道與大堤豔曲》，上海古籍出版社2007年版，第1039、1045頁。

〔註68〕王力平：《唐肅、代、德時期的南路運輸》，載黃惠賢、李文瀾主編：《古代長江中游的經濟開發》，第331～345頁。

江陵以確保這條大唐帝國生命線的暢通無阻。唐末，荊州地區雖然形勢不穩，兵連禍結，但南北交往仍主要依賴此條幹線而進行。

迄至五代，中原政權均以汴州或洛陽爲都，但因吳與南唐先後雄峙淮南，與中朝對立；前後蜀相繼盤踞兩川，帝制自爲，傳統的東、西兩道已然斷絕，不復可通。與此不同的是，中道卻並未因南北對峙而中斷，相反，這條通道成爲其時溝通南北政權、聯繫各地商旅的重要交通幹線。高氏荊南所處荊州，「南通五嶺，旁帶一江，接壤吳、蜀，舟車四達」〔註69〕。而其政治、軍事、經濟中心江陵，則係「江漢全封，鄢郢舊國，爲中原之襟帶，作南國之紀綱」〔註70〕。是南方各國進貢中原王朝、商旅南北販易的必經之地。

在南方政權中，馬楚對荊南交通線的倚重，最爲突出，其貢奉或出使中原，無法不穿過荊南境內。史載：後梁開平二年（908）九月，高季昌「遣兵屯漢口，絕楚朝貢之路」〔註71〕，馬殷立即遣水軍迎擊，季昌懼而請和。馬楚奉中原正朔，朝貢中朝自是其份內之事，而高氏荊南隔斷其上貢之路，實際上等於割裂其與中原政權的政治聯繫，如此一來，其借稱臣於中原王朝以抑制吳、蜀的目的，顯然無從談起，所以，力保朝貢之路的暢達，對於馬楚政權而言，意義非同一般。惟其如是，對於高氏荊南斷絕其朝貢道路的舉動，馬楚注定會予以反擊。其後，馬楚出使、上貢中朝，仍經此路而行。如天成二年（927）五月，馬楚使者史光憲入貢後唐，即返程經過江陵。〔註72〕後漢乾祐元年（948）諸馬相爭時，高從誨「遣人押送朝〔朗〕州奏事官沈從進至京師，乞加恩命」〔註73〕，是則沈從進亦必取道荊南，故而才被高從誨所俘。

而且，馬楚對外貿易也往往須經江陵一線。史稱：楚王馬殷「聽民售茶北客，收其征以贍軍」〔註74〕，並在「汴、荊、襄、唐、郢、復諸州置回圖務，運茶河之南北，以易繒纊、戰馬，仍歲貢茶二十五萬斤」〔註75〕。其實，不管是北客至馬楚，還是馬楚在汴、荊、襄等地設置回圖務，其茶葉販易，

〔註69〕《方輿勝覽》卷27《湖北路・江陵府・形勝》，第479頁。

〔註70〕《輿地紀勝》卷65《荊湖北路・江陵府下・四六》引《南平高王神道碑》，第2247頁。

〔註71〕《資治通鑑》卷267，後梁太祖開平二年九月，第8704頁。

〔註72〕《資治通鑑》卷275，後唐明宗天成二年五月，第9005頁。《十國春秋》卷100《荊南一・武信王世家》亦載，略與此同。第1435頁。

〔註73〕《冊府元龜》卷933《總錄部・誣構二》，第11005頁。

〔註74〕《十國春秋》卷67《楚一・武穆王世家》，第936頁。

〔註75〕《十國春秋》卷67《楚一・武穆王世家》，第937頁。

始終不可能不行經高氏荊南境內，荊南成爲馬楚與北方進行茶葉貿易的重鎮與中轉孔道。

　　割據兩浙的吳越政權，由東道進入中原地區的要路亦被阻塞，因據有淮南的吳、南唐長期交惡中朝，故吳越與中朝的交往，亦往往被迫繞行。後梁開平三年（909），司馬鄴曾奉命出使吳越，史載其事曰：

　　　　時淮路不通，乘駟者迂迴萬里，陸行則出荊、襄、潭、桂入嶺，自番禺泛海至閩中，達於杭、越。復命則備舟楫，出東海，至於登、萊。而揚州諸步多賊船，過者不敢循岸，必高帆遠引海中，謂之「入陽」，以故多損敗。鄴在海逾年，漂至虬羅國，一行俱溺。〔註76〕

可見，中朝使者至吳越，若取海道返回，會經常遭遇賊船襲擊，爲此，船隻必須遠離海岸而行，航行的風險亦隨之增大，司馬鄴溺死的事例即是極好的說明。有鑒於此，一直稱臣於中朝的吳越，儘管經常性地取海道入貢，而亦不排除以陸行方式，迂迴而至中原地區。此點，在史籍中亦有體現，如後梁末帝貞明二年（916）五月，「吳越王錢鏐遣浙西安撫判官皮光業自建、汀、虔、郴、潭、岳、荊南道入貢」〔註77〕。而這次入貢，應當是吳越取陸路朝貢中朝經荊南而行的例證。依此來看，荊南亦是吳越自陸路入貢中朝的重要一站。

　　其餘，如閩、南漢等在奉中朝正朔期間，亦皆取道荊南而至中原，特別是自吳建國以後，情形更是如此。以福建王閩政權爲例，王審知在位時，「致君愈勤，述職無怠」，又「萬里輸貢，川陸不繫其賒；一心尊戴，風雨不改其志」〔註78〕。由於與淮南楊吳政權交惡，陸路阻斷，王審知派遣使者，「每歲朝貢，汎海至登萊抵岸，往復頗有風水之患，漂沒者十四五」〔註79〕。既然海上風濤險惡，屢有不測，改以陸行應是可能之事，儘管目前尚未見到王閩使者取道荊南的明確記載，但正如史書所云：「自吳稱帝，而南漢、閩、楚皆奉梁正朔，歲時貢奉，皆假道荊南。」〔註80〕司馬光亦言：「初，荊南介居湖南、嶺南、福建之間。」胡三省注曰：「此語專爲三道入貢荊南發。」〔註81〕可見，南漢、閩、楚，亦常以陸路經荊南而行，入貢中朝。

〔註76〕《舊五代史》卷20《司馬鄴傳》，第270～271頁。
〔註77〕《資治通鑑》卷269，後梁均王貞明二年五月，第8803頁。
〔註78〕《金石萃編》卷125，錢昱：《福州重修忠懿王廟碑》，頁12-1。
〔註79〕《舊五代史》卷134《王審知傳》，第1792頁。
〔註80〕《新五代史》卷69《南平世家》，第859頁。
〔註81〕《資治通鑑》卷287，後漢高祖天福十二年八月及胡三省注，第9375～9376頁。

中原王朝出使南方諸國的使者，亦從荊南南行或返回。史料中於此多有反映，如後唐閔帝末年，李鏻奉使湖南，即還過荊南。〔註 82〕又如「漢遣國子祭酒田敏使於楚，假道荊南」。〔註 83〕北宋建隆二年（961），趙修己出使湖南，亦從荊南經過，並將所見告知周行逢，後者聽說宋太祖令荊南決去北海，乃知朝廷有意南征，故兵發鼎州以作防範。〔註 84〕這樣的例子還很多，無須一一列舉。

還應看到，江陵除在陸路幹線上具有重要地位之外，亦是長江航運通道上的重要中轉站。一般說來，在交通商旅方面，水運具有速度快、運載量大、成本低廉的特點，較之陸運更爲重要。而長江則是橫貫東西的大動脈，巴蜀與江淮兩大經濟區的交往，大多有賴長江航道，唐人有詩即云「蜀麻吳鹽自古通，萬斛之舟行若風」〔註 85〕；「三千三百西江水，自古如今要路津」〔註 86〕。荊州的江陵更是長江上、中、下游航運的轉運港。江陵以西，江面漸窄而水急灘多，經三峽而出入巴蜀之船，船體頭尖身狹，行船不倚風帆而用搖櫓和背纖；江陵以東，江面陡然開闊，風浪漸小，險灘亦少，所以船體頭寬身闊，可鼓風帆而行。故而，航船在穿行長江上、下游時，必須在江陵中轉換船，所謂「北客隨南賈，吳檣間蜀舶」〔註 87〕，概括的就是江陵作爲中轉港的特點。正因如此，以江陵爲中心，又形成如下幾條水上航線，即江陵至益州線，江陵至長沙線，江陵至襄陽線，江陵至鄂州、揚州線。其中沿江的江陵至益州線和江陵至鄂州、揚州線，又是溝通東西商旅的主要交通要道。

有唐一代，以江陵爲中心的長江航運已然非常繁榮，無須贅述。五代時期高氏荊南的江陵，亦是東西商旅彙集之地。《十國春秋》卷 101《荊南二·文獻王世家》注引《江陵志餘》云：

> 彌勒瑞像現於高氏。清泰間，隨吳商葉旺船至荊登岸，乃知爲像。高氏迎之，從香烟所指，置城西北隅萬壽寺。

姑且不論「彌勒瑞像現於高氏」有無其事，但材料間提及的「吳商葉旺

〔註 82〕《新五代史》卷 57《李鏻傳》，第 656 頁。
〔註 83〕《新五代史》卷 69《南平世家》，第 858 頁。另，《資治通鑒》卷 288 記其時爲「九月」。第 9415 頁。茲從《新史》。
〔註 84〕《輿地紀勝》卷 64《荊湖北路·江陵府上·景物上·三海》，第 2202 頁。鼎州，治今湖南常德市，轄境相當今湖南常德、漢壽、沅江、桃源等縣地。
〔註 85〕《全唐詩》卷 229，杜甫：《夔州歌十絕句》，第 2508 頁。
〔註 86〕《全唐詩》卷 361，劉禹錫：《自江陵沿流道中》，第 4082 頁。
〔註 87〕〔宋〕蘇軾：《蘇軾詩集》卷 28《荊州十首》，中華書局點校本 1982 年版，第 62 頁。

船至荊南岸」，至少透露出以下信息，吳地客商往往沿江至荊南貿易。即此一例，便可說明以江陵爲中心的長江航運，仍在發揮溝通長江中、下游運輸的作用。

另外，在發展漢江航運上，高氏荊南亦有新的舉措。據《輿地紀勝》卷64《荊湖北路・江陵府・景物上・漕河》載：漕河，「在江陵縣北四里，《舊經》云：『王處仲爲荊州刺史鑿漕河，通江漢南北境。』皇朝《郡縣志》云：『高季興於城西柳門及子城置倉開漕，入步高。高從誨又以龍山門近城，開白剗河水入城北向東漕河」。即以漕河連結漢江，便利物資轉運。但此條水路似乎不久即湮廢，以至宋太宗端拱元年（988），又有臣僚上言：「開荊南城東漕河，至師子口入漢江，可通荊、峽漕路至襄州；又開古白河，可通襄、漢漕路至京。」宋廷派人考察後，「遂發丁夫治荊南漕河至漢江，可勝二百斛重載，行旅者頗便」〔註88〕。雖說高氏荊南時期的漕河未見得「可勝二百斛重載」，但便於行旅應該不成問題。

上述得天獨厚的交通條件，爲高氏荊南商業貿易的繁榮提供了種種難得的契機，而商貿所得又是支撐高氏荊南的重要經濟來源。所以，有學者認爲，荊南經濟全靠南北通商。〔註89〕其實，一直到宋代，荊南的交通優勢依然非常明顯，所謂荊州「東界鄂渚，西接溪洞，南抵五嶺，北連襄漢」〔註90〕。「荊南水陸要衝，商賈必由之地」〔註91〕，反映的就是荊南因優越的交通優勢而致商賈薈萃的情況。

第二節　高氏荊南的經濟舉措

探討高氏荊南的經濟問題，經濟制度不可不提。而高氏荊南轄境狹小，周邊政權林立，其能在夾縫中立足生存幾十年，保境息民，採取措施以發展經濟，乃立國之本。此點與其他南方割據政權並無不同。惟在具體舉措上，各有其特點而已，高氏荊南經濟開發的措施，尤以興修水利和發展商貿爲重點。並且，高氏荊南所取得的經濟成就，絲毫不遜色於盛唐與宋初，甚至可以說是有過之而無不及，其集中表現爲人口的大幅度增長。

〔註88〕《宋史》卷94《河渠志四・白河》，第2345頁。
〔註89〕沈起煒：《五代史話》，第109頁。
〔註90〕《宋史》卷88《地理志四・荊湖北路》，第2201頁。
〔註91〕《宋史》卷181《食貨志下三・會子》，第4412頁。

一、經濟制度

高氏荊南的經濟制度，本應包括眾多內容，但限於史籍所載，而今僅能粗略瞭解高氏荊南賦役方面的一般情況。

先看賦稅制度的實施。

自唐代中期開始，古代中國的賦稅體制即已確立兩稅制的徵收模式。兩稅最初包括農稅和商稅兩部分，農稅又由戶稅和地稅組成。其後，戶稅逐漸併入地稅，亦即田畝稅之中；商稅徵收至五代十國時期亦不再恪守夏、秋兩徵的成規，改為隨時可徵，遂逐漸從兩稅中獨立出來，成為單獨稅種。故而，兩稅至此實際上主要就是指田畝稅，另有稅錢和各種附加稅，仍按夏、秋兩季徵收。

高氏荊南時期的賦稅徵收仍然實行兩稅之制。宋太祖乾德元年（963）七月，「賜荊南管內民今年夏租之半」〔註92〕。這是高氏荊南納土當年的事，賦稅徵收制度仍當是沿用的高氏荊南舊制，其制之施行既包括「夏租」，即可推知亦有「秋租」，這是高氏荊南兩稅徵收分夏、秋兩季進行的典型例證。其後，宋廷曾從荊南出兵，沿江西上伐蜀，宋太祖於乾德二年（964）十二月下詔：「唯此二州（歸、峽），最鄰寇境，軍旅所過，供億寔繁……應今年秋稅，已降指揮除放，其已納及供給過芻粟軍儲，並與折來年租稅。」〔註93〕可見，歸、峽二州生產雖很落後，卻仍須交納兩稅。次年正月宋廷又發詔，問罪後蜀，「襄漢之南，暫有差役。……本府（荊南）夏秋租稅元徵寔數為額，其新檢到羨數，並與放免。俾令均濟，冀速舒蘇。如聞不體憂勤，輒拋耕種……便可遞相告諭，歸復田園，仍令長吏倍加安撫」〔註94〕。由此看來，荊南在交納夏、秋二稅外，還要新增羨餘。但由於稅收過重，農民只好拋荒耕種。儘管這是宋初的情況，但其時距高氏荊南亡國不過一二年光景，宋初在荊南徵收兩稅的方式，應該就是對高氏荊南時期的繼承。

高氏荊南的兩稅徵收之物，大多來自田畝稅所得。田畝稅所納物品以糧食（斛斗）為大宗，上面引文提到的歸、峽二州供給宋軍的芻粟，即為田畝稅物。另外，田畝稅的徵收之物中還有絹帛一色。前揭表 7-1 曾列舉高氏荊南歷次上貢的絲織品情況及其數量，由於戶稅錢在五代時已趨絕跡，其中的絲

〔註92〕《續資治通鑒長編》卷4，太祖乾德元年七月，第99頁。
〔註93〕〔宋〕佚名：《宋大詔令集》卷185《蠲歸峽州秋稅詔》，中華書局排印本1962年版，第674頁。
〔註94〕《宋大詔令集》卷185《蠲歸峽州秋稅詔》，第674頁。

織品應當就是兩稅斛斗的折納之物，而不太可能是戶稅錢的折徵。田畝稅的徵收額度和徵收期限，皆史無明文，無由敘述。從宋初的情況看，高氏荊南徵收田畝稅的數額似乎亦應不低。

除正稅（兩稅）之外，高氏荊南還徵取雜稅。雜稅之中，尤以身丁鹽曲錢最爲突出，其危害也至爲惡劣。按照兩稅法「戶無主客，以見居爲簿；人無丁中，以貧富爲差」〔註95〕的徵收原則，資產多寡，才是民戶納稅多少的依據，正稅已轉入按田畝徵收的軌道。原來的人丁，已不再成爲徵稅調役的主要根據，取而代之的是田畝數量的多少，人丁稅實際上亦被納入田畝稅中，該稅種已經於法不容。但是，五代十國時期，吳、南唐、楚、閩等國，皆公然恢復身丁錢之徵〔註96〕，高氏荊南亦不例外。

史載：「兩浙、福建、荊湖、廣南諸州循僞制輸丁身錢，歲凡四十五萬四百貫，民有子者或棄不養，或賣爲僮僕，或度爲釋老。」〔註97〕內中所言荊湖，即包括屬於荊湖北路的荊南地區。儘管高氏荊南所徵丁身錢的具體數額無從知曉，但從出現生子不舉的情況來看，其額度顯然過高，所以，百姓家庭惟能採取「或賣爲僮僕，或度爲釋老」的方式予以規避。大中祥符四年（1011）七月，宋眞宗下詔蠲除丁身錢。另有史籍亦載：「每歲有丁身錢，自大中祥符四年，詔以兩浙、福建路、荊湖南、北、廣南東路，在僞國日出丁身錢並特除放，凡歲免緡錢四十五萬有餘貫。」〔註98〕

然而，此次詔令並未產生實效。一直到北宋中葉，鄭獬還說：

> 臣任荊南府日，江陵、枝江縣人戶正稅外有丁身鹽曲錢，此錢
> 自高氏以前增出無名橫賦，眞宗時雖曾除放，而二邑餘數尚有存
> 者。……兼聞湖南北亦有似此丁錢未經除減。〔註99〕

可知，丁身鹽曲錢仍然在江陵縣和枝江縣有所遺存。

值得注意的是，高氏荊南所徵丁身錢，與榷鹽、榷曲形式捆綁在一起。因食鹽、酒麴這類影響國計民生的產品，均在官府控制之列，政府藉此以興利。高氏荊南將鹽稅與曲稅的徵收，繫之於身丁，使其成爲單獨稅種。如此一

〔註95〕 《舊唐書》卷118《楊炎傳》，第3421頁。

〔註96〕 《五代十國史研究》，第171～172頁。

〔註97〕 《續資治通鑑長編》卷76，眞宗大宗祥符四年七月，第1728頁。

〔註98〕 〔宋〕朱長文：《吳郡圖經續記》卷下《事志》引《圖經》，江蘇古籍出版社點校本1999年版，第78頁。

〔註99〕 〔宋〕鄭獬：《郳溪集》卷12《論免丁身錢狀》，景印文淵閣四庫全書本（第1097冊），上海古籍出版社1987年版，第223頁。

來，已經消亡的人丁稅，再度復活，丁口之賦已然成爲一種制度。至宋代，丁口之賦更演變爲五大稅種之一，所謂「宋制歲賦，其類有五：……曰丁口之賦，百姓歲輸身丁錢米是也」〔註100〕。而從宋初蠲免高氏荊南身丁鹽曲錢的情況來看，其錢早已失去向百姓補償食鹽、酒麴的性質，已然演變爲純粹的雜稅。

順便提一句，高氏荊南並不產鹽。同光（923～926）末年，高季興曾上奏後唐請領雲安監務，蓋因雲安是古老的產鹽之地，但此奏未得許可。〔註101〕「至明宗時，歲給以鹽萬三千石，後不復給。及世宗平淮，故命泰州給之」〔註102〕。據此可知，高氏荊南境內所需之鹽依賴中朝供給，或通過貿易而致。而在獲取鹽後，高氏荊南再將其配之於身丁，仍然是通過禁榷的方式謀利。

高氏荊南的雜稅，還包括水產品、農副產品等稅，形形色色，不一而足。史稱：

> 太宗淳化元年，詔諸處魚池舊皆省司管係，與民爭利，非朕素懷，自今應池塘河湖魚鴨之類，任民採取，如經市貨賣乃收稅。

> 先時，淮南、江浙、荊湖、廣南、福建當僭僞之時，應江湖及池潭陂塘聚魚之處，皆納官錢，或令人戶占賣輸課，或官遣吏主持。帝聞其弊，詔除之。

> 又有橘園、水磑、社酒、蓮藕、鵝鴨、螺蚌、柴薪、地鋪、枯牛骨、溉田水利等名，皆因僞國舊制而未除。前後屢詔廢省。〔註103〕

據此而言，高氏荊南的雜稅之徵已呈泛濫之勢，其所徵對象並無一定之規，新稅名目隨時皆有出現的可能。

在高氏荊南徵收的賦稅中，尚有商稅一項。商稅即對商賈所徵之稅。商稅包括過稅（通過稅）、住稅（交易稅）和專賣稅。商稅本來包含於兩稅之中，由於五代十國時期商品經濟的發展，商稅漸至從兩稅中脫離出來，單獨予以徵收。唐代兩稅法中關於商稅額的規定是：「不居處而行商者在所州縣稅三十之一，度所取與居者均，使無僥利。」〔註104〕迨至宋代，過稅和住稅之徵，一般分別爲每千錢算二十和每千錢算三十。〔註105〕五代時期的商稅額大致應

〔註100〕《宋史》卷174《食貨志上二‧賦稅》，第4202頁。
〔註101〕《冊府元龜》卷338《宰輔部‧貪黷》，第3998頁。
〔註102〕《新五代史》卷69《南平世家》，第859～860頁。
〔註103〕《文獻通考》卷19《征榷考六‧雜征斂》，考186。
〔註104〕《文獻通考》卷3《田賦考三‧歷代田賦之制》，考45。
〔註105〕《宋史》卷186《食貨志下八‧商稅》，第4541頁。

與唐、宋時期相當。十國中的南方九國，除馬楚不徵關市外〔註106〕，其餘政權大多都徵收商稅，其稅額也較中原王朝沉重。

高氏荊南商業較為繁榮，關市之徵自不可少。後漢初年，高從誨因求郢州不得，曾與中朝斷絕關係，但是，「既與漢絕，北方商旅不至，境內貧乏」〔註107〕，故不得不於次年重新稱臣於後漢。商旅不至其境，商稅自然無從徵收。出於徵商的目的，而恢復對後漢的臣屬關係，即可窺知高氏荊南政權對商稅依賴之重。惜史載有闕，高氏荊南商稅徵收的具體情形，已不復可知。

再來看力役的使用。

自兩稅法推行伊始，「丁租庸調，併入兩稅」〔註108〕，據此，當不再有力役的徵發，但實際上，力役的徵發直至五代十國時期仍然普遍存在。高氏荊南所驅使的力役，主要用於修築城池、營建宮殿亭樓、修建寺廟和興修水利工程。

修築城池之役。後梁期間，「（高）季興以江陵古之重地，又當天下多事，陰有割據之志，乃大興力役，重築城壘，執畚者逮十數萬人，皆攀援賓友，負土助焉」〔註109〕。龍德元年（921）十二月，高季昌派遣倪可福修江陵外郭。〔註110〕後唐天成二年（927），又「築內城以自固，名曰子城」〔註111〕。後晉天福八年（943），高從誨又鑿江陵城西南隅為池，立亭於上，稱之為「渚宮」。《江陵志餘》云：「清風池在城東北隅，方數百步，清深鏡潔，潭而不流，高氏之所鑿也。」〔註112〕

營建宮殿亭樓之役。後梁乾化（911～915）年間，高季昌曾「建雄楚樓、望江樓」〔註113〕。貞明五年（920），「改建內城東門樓曰江漢樓，又築仲宣樓於荊州城之東南隅」〔註114〕。《詩話總龜‧前集》卷22《宴遊門》稱：「季興先時建渚宮於府庭西北隅，延袤十餘里，亭榭鱗次，樓艦翼張，栽種異果名花修竹。從誨紹立，尤加完葺。」除修繕此前已有亭榭外，高從誨又大興力

〔註106〕《資治通鑑》卷273，後唐莊宗同光三年十二月，第8953頁。
〔註107〕《十國春秋》卷101《荊南二‧文獻王世家》，第1444頁。
〔註108〕〔宋〕王溥：《唐會要》卷83《嫁娶》，中華書局排印本1955年版，第1535頁。
〔註109〕《三楚新錄》卷3，第6327頁。
〔註110〕《十國春秋》卷100《荊南一‧武信王世家》，第1431頁。
〔註111〕《十國春秋》卷100《荊南一‧武信王世家》，第1436頁。
〔註112〕《十國春秋》卷101《荊南二‧文獻王世家》，第1443頁。
〔註113〕《十國春秋》卷100《荊南一‧武信王世家》，第1429頁。
〔註114〕《十國春秋》卷100《荊南一‧武信王世家》，第1431頁。

役，先後重新修建了不少亭堂。後晉天福八年（943），高從誨在渚宮旁修建迎春亭。〔註115〕開運二年（945），「建杞梓堂，又建木犀亭」〔註116〕。高保勗繼位後，也「好營造臺榭，極土木之巧」〔註117〕。

修建寺廟之役。後唐同光元年（923），高季興「改修天皇寺」〔註118〕。在寺廟之外，高從誨還有修造佛塔之舉，如後晉天福三年（938），「作僧伽妙應塔」〔註119〕。

興修水利之役。後梁貞明三年（917），「王築堤自安遠鎮北、祿麻山南至沱步淵，延亙一百三十里，以障襄漢之水，居民賴焉」〔註120〕。

上述土木工程的營建，無一不需徵用力役。雖說關於高氏荊南力役徵發的原則、徵發的對象，以及應役的時間等問題，史籍無載，但該政權力役徵發極為常見，則是事實。高保勗在位時，因為力役徵發過多，甚至出現「軍民咸怨」〔註121〕的情況，據此可知，高氏荊南力役的繁重。

二、發展經濟的措施

前面已經提到，高季昌入據荊南之初，即招輯流散，致力於恢復本地經濟。在此基礎上，高氏荊南又採取了興修水利和發展商貿的措施，旨在促進經濟水平的進一步提升。

先看水利工程的修建。

高氏荊南興修的水利工程，以高氏堤最為知名。高氏堤在明清方志中多有記載。如《嘉靖沔陽志》卷 8《河防》云：「五代時，高季興節度荊南，築堤以障漢水。自荊門綠麻山至潛江，延亙百三十里，因名高氏堤。」《嘉靖湖廣圖經志書》卷 6《荊州府·山川·潛江縣·高氏堤》亦稱：「在縣西北五里。相傳五代高季興所築，起自荊州綠麻山，至（潛江）縣南沱步淵，延亙一百三十里，以障襄漢之水，民賴焉。」後世方志均沿承此說，僅文字略異而已。如《萬曆湖廣總志》卷 32《水利一·潛江縣》、《讀史方輿紀要》卷 77《湖廣

〔註115〕《十國春秋》卷 100《荊南二·文獻王世家》，第 1443 頁。
〔註116〕《十國春秋》卷 100《荊南二·文獻王世家》，第 1443 頁。
〔註117〕《續資治通鑑長編》卷 2，太祖建隆二年九月，第 53 頁。
〔註118〕《十國春秋》卷 100《荊南一·武信王世家》，第 1433 頁。
〔註119〕《十國春秋》卷 101《荊南二·文獻王世家》，第 1442 頁。
〔註120〕《十國春秋》卷 100《荊南一·武信王世家》，第 1430 頁。按，高氏堤的有
　　　　關問題，下面有詳細探討，此處不冗。
〔註121〕《十國春秋》卷 101《荊南二·侍中保勗世家》，第 1450 頁。

三·承天府·潛江縣·高氏堤》皆引此說，末一句皆作「以障襄、漢二水」，稍異上引前書。另，《古今圖書集成》卷 1136《安陸府部·彙考二·山川考一·潛江縣》、《康熙潛江縣志》卷 10《河防志》、《同治荊門直隸州志》卷 3《堤防》等，均有類似記述。

關於「綠麻山」之名，上書同卷又載：「（荊門）州東南一百二十五里，俗呼爲桃李山，有舊綠麻縣〔寺〕基」。山下有綠麻口，或作蘆麻口。《萬曆湖廣總志》卷 33《水利二·荊門州堤考略》云：「（荊門）州堤防要害全在沙洋鎮一帶。夫此鎮控荊門、江陵、監利、潛江、沔陽五州縣之上流，漢水自蘆麻口直衝沙洋北岸。舊有堤，接連青泥湖、新城鎮，由沈家灣至白鶴寺、不剎腦，至潛江界，幾二十餘里，惟沙洋堤勢獨寬厚，軍民廛居其上。」據此來看，綠麻山應當在沙洋鎮稍北處。有研究者指出，在民國十三年（1924）測繪的軍用地圖上，在沙洋鎮西北約四公里處，仍然標出綠麻寺的地名。〔註122〕關於「沱步淵」之名，還是上書同卷稱，位於潛江縣西一里，應該就是今潛江市西的沱步垸。所以，「高氏堤」當起自今沙洋鎮稍北處，中經新城鎮、白鶴寺、高市碑、上下蚌湖，迄至潛江以西，其位置大約相當於唐代江陵東北境的「傍漢古堤」。

需要說明的是，有關高氏堤的記載在明清地方志中屢屢皆有所見，而五代宋元文獻卻均無記述，而明清方志關於前代事實記載的可信度，多少有些令人懷疑，那麼，高氏荊南到底是否築過高氏堤呢？從上面所引有關明清兩代的方志來看，諸書大多相繼記載高氏堤，特別是前引《萬曆湖廣總志》以及《康熙安陸府志》卷31《藝文志》所錄曾省吾《修築沙洋堤碑》，都稱沙洋鎮北「舊有堤」，而且詳述其原委始末；加以諸志所記此堤之位置，與《唐會要》所記「傍漢古堤」大致相當。以此而論，完全否定高氏堤爲高氏荊南時期所修築，亦非易事。

在前面的有關章節中，曾就高氏荊南的疆域作過探討。結合有關論述，可知，高氏荊南之荊州長期領有荊門、監利二縣地，而後代的潛江縣乃從原監利縣析置而出。其前身爲高氏荊南時期的白沙徵料院。白沙徵料院係由白洑南草市演變而來，此地自唐代即已知名。唐大中十一年（857）於此設置徵科巡院，並進而上升爲鎮，五代高季興改爲安遠鎮，宋乾德三年（965）升其

〔註122〕參見魯西奇、潘晟：《漢水中下游河道變遷與堤防》，武漢大學出版社 2004年版，第 195 頁。

爲縣，治今湖北潛江市西北四十里。〔註123〕對此演變過程，以下文字述之甚詳：

　　（潛江縣）在府東北一百二十里。《寰宇記》云：唐大中十一年，

以人戶輸納不便，置征科巡院于白洑。而《江陵志》曰：本南郡江

陵縣地，梁末高氏置征科巡院于白洑。年月不同。國朝《會要》云：

乾德三年，升安遠鎮爲潛江縣。〔註124〕

　　其實，勿論是白洑徵科巡院設置於何時，本地能由徵科巡院漸次升爲安
遠鎮、潛江縣〔註125〕，本身就足以證明本地區經濟發展的事實，而促使其經
濟發展的原因固然很多，其中，堤防的修築當爲重要因素之一。《萬曆承天府
志》卷3《沿革》即將潛江之設置與移徙和堤防的修築、潰決聯繫在一起：

　　　潛江縣，漢南郡江陵縣地。……唐大中間，置徵科巡院於白洑。

五代高季昌據荊南，沿漢築堤，以防水患。宋乾德初，改安遠鎮爲

潛江縣。元因之。至正堤決，遷治於斗堤。

　　此載明確揭示白洑院或安遠鎮附近原有堤防，宋潛江縣城即賴此堤保
護。白洑院或安遠鎮（即宋潛江縣城），據《讀史方輿紀要》卷77《湖廣三·
承天府·潛江縣·潛江舊城》稱，潛江舊城在明潛江縣城（即今潛江市區）
西四十里豆子湖，並引《志》云：「本治道隆鄉，以水患遷於斗堤是也」。另
外，《嘉靖湖廣圖經志書》卷6《潛江縣·白洑院堤》稱，該堤「邊臨襄江」。
由此表明，宋代潛江縣城（白洑院或安遠鎮）附近建有沿漢江的堤防。這段
堤防應與高氏堤有關。

　　從高氏荊南北部邊境進行考察，其北部邊界爲今荊門、監利、潛江一線，
以此而與中朝所設山南東道相接。那麼，高氏政權於此在唐代舊堤的基礎上
修築提防，既可障蔽洪水、保障本境，又可使洪水衝決北岸，破壞敵境，還
有一定的軍事作用，應當是可能的。〔註126〕高氏荊南政權能夠立足本地，經
濟能迅速崛起，與高氏堤的的修築顯然有一定關係。

〔註123〕《宋史》卷88《地理志四·荊湖北路·江陵府》，第2193頁。

〔註124〕《輿地紀勝》卷64《荊湖北路·江陵府上·縣沿革·潛江縣》，第2193頁。

〔註125〕按，《元豐九域志》卷6《荊湖北路·江陵府》載：「乾德三年以漢江縣地置
　　　　潛江縣……以白沙院置玉沙縣。」第266頁。《宋史》卷88《地理志四·荊
　　　　湖北路》稱：「升白伏巡爲縣。」第2193頁。《文獻通考》卷319《輿地考五·
　　　　古荊州·江陵府》載：「梁以復州監利來屬。宋乾德三年（965）升白秋巡爲
　　　　潛江縣，白白巡爲建寧縣，萬庚巡爲萬庚縣，白沙院爲玉沙縣。萬庚尋廢。」
　　　　考2506。

〔註126〕《漢水中下游河道變遷與堤防》，第196頁。

　　另外，史籍中還屢屢見到「寸金堤」的記載，據說此堤亦是高氏荊南時期所建。如《明一統志》卷62《荊州府‧山川》之「寸金堤」條載：「在府城龍山門外。五代梁將軍倪可福所築。激水捍蜀，謂其堅厚，寸寸如金。」此後，明、清時期的諸多方志均沿承此說，只是或稱「倪福可」，或稱「倪可福」。如《十國春秋》卷102《荊南三‧倪福可傳》稱：「築寸金堤激水，捍築有功。」〔註127〕下引清順治（1644～1661）年間孔自來等著《江陵志餘》云：「寸金堤，在西門外，將軍倪可福所築。」《天下郡國利病書》稱：「寸金（堤），在龍山門外，五代時蜀孟昶將伐高氏，欲作戰艦巨筏衝荊南城，梁將軍倪福可築是堤，激水以捍之。」〔註128〕《讀史方輿紀要》卷78則稱：「寸金堤，在府城龍山門外。五代時高氏將倪可福築，以捍蜀江激水。謂其堅厚，寸寸如金，因名。」〔註129〕《嘉慶重修一統志》卷345稱：「在江陵縣西，龍山門外。高氏將倪可福築。」〔註130〕《雍正湖廣通志》卷20曰：「在龍山門外，五代時蜀孟昶將伐高氏，欲作戰艦巨筏衝荊南城，梁將軍倪福可築是堤，激水以捍之。」〔註131〕

　　有學者指出，倪可福築寸金堤一說並不可信，其理由是：其一，五代及北宋的資料都沒有這方面的記載。其二，南宋的兩部著名地理志《輿地紀勝》和《方輿勝覽》都記載了江陵雨金堤，但都沒有提到倪可福。其三，從上引諸書文字的衍變來看，倪氏築寸金堤抵禦蜀兵一說也是值得懷疑的。故倪可福修寸金堤一事並無確切依據，很可能只是傳說而已，不足為信。〔註132〕

　　倪可福築寸金堤之說固不可信，不過，高氏荊南確有修築長江大堤之舉。史載：監利「縣南五里有古堤院，文信王築以防水患。」〔註133〕即為其證。但此堤可能規模有限。這是因為，宋代以前，彎多流急、水勢洶湧的荊江，

〔註127〕《十國春秋》卷102《荊南三‧倪可福傳》，第1460頁。

〔註128〕《天下郡國利病書》第24冊《湖廣上‧水利‧荊州府‧江陵縣‧堤五》，頁54-1。

〔註129〕《讀史方輿紀要》卷78《湖廣四‧荊州府‧江陵縣‧寸金堤》，第3662頁。

〔註130〕〔清〕穆彰阿等纂修：《嘉慶重修一統志》卷345《荊州府二‧堤堰‧寸金堤》，中國古代地理總志叢刊本，中華書局影印本1986年版，第17455頁。

〔註131〕〔清〕邁柱修，夏力恕纂：《雍正湖廣通志》卷20《水利志‧江陵縣‧寸金堤》，景印文淵閣四庫全書本（第531冊），上海古籍出版社1987年版，第688頁。

〔註132〕楊果：《宋代兩湖平原地理研究》，湖北人民出版社2001年版，第103～104頁。

〔註133〕《十國春秋》卷112《地理表下》，第1622頁。

在穿越荊州轄縣的過程中，尚有九穴十三口分泄江洪，故江患不多。五代時期，亦未見到長江洪水對於高氏荊南造成災難的記載。一直要到宋、明以後，由於河道的演變及泥沙的淤積，兩岸部分穴口相繼堵築或自然淤塞，荊江洪水因渲泄不暢，水患驟增，築堤已成必要之舉。

再來看發展商貿的舉措。

上文已經說過，高氏荊南頗為倚重商稅，高從誨甚至因商旅不至，而主動恢復與後漢的臣屬關係〔註 134〕，這是高氏荊南以商立國的最好證據。據史籍零星記載，高氏荊南推動商貿發展的措施，可歸納為如下幾點：

其一，改善交通條件。江陵地當南北交往、東西貫通的中心位置，交通條件極為優越。高氏荊南亦充分利用此點，大力發展商貿。高氏荊南曾開鑿漕河〔註 135〕，以溝通江陵與漢江間的航運路線，使交通條件得到一定程度的改善，商旅自此即可沿漢江直接抵達江陵城，有利於貿易的順利開展。

其二，擴建江陵城。前面已經提到，高氏荊南出於加強江陵防衛能力的目的，曾多次擴建江陵城，江陵城市規模隨之明顯擴大。由於坊市制度已然崩潰，故而江陵城市空間的拓展，為商業交換提供了更為廣闊的舞臺，亦更加便利於商人駐足和從事貿易。

其三，升白洑南草市為鎮。白洑南草市，即潛江縣的前身，係從監利縣析置。該地自唐代即已知名，唐代曾於此地設置徵科巡院。史載：潛江縣，「在府東北一百二十里。《寰宇記》云：唐大中十一年（857），以人戶輸納不便，置征科巡院于白洑。而《江陵志》曰：本南郡江陵縣地，梁末高氏置征科巡院于白洑。年月不同。國朝《會要》云：乾德三年（965），升安遠鎮為潛江縣」〔註 136〕。根據此段材料所載，而今確實已難考辨白洑徵科巡院始置於何時。不過，因乾德三年（965），距高氏荊南滅亡不過兩年，安遠鎮之名應當就是來自於高氏荊南時期，原來的白洑巡院至此升為安遠鎮，其間的原因當在於商業的繁榮。而升巡院為鎮，反過來自然又會促使該地區商業的進一步發展。職此之故，宋代又進一步將其升為縣〔註 137〕，此即潛江縣。

〔註 134〕《十國春秋》卷 101《荊南二·文獻王世家》，第 1444～1445 頁。

〔註 135〕《輿地紀勝》卷 64《荊湖北路·江陵府上·景物上·漕河》引《郡縣志》，第 2205 頁。

〔註 136〕《輿地紀勝》卷 64《荊湖北路·江陵府上·縣沿革·潛江縣》，第 2193 頁。

〔註 137〕按，《宋史》卷 88《地理志四·荊湖北路·江陵府》記為「升白伏巡為縣」，第 2193 頁。茲從上引《輿地紀勝》所載。

上述舉措，爲商業的繁榮創造了良好條件，商業的發展又必然增加高氏荊南的商稅收入，進而增強其經濟實力，有利於該政權的存在和延續。

三、「民苦於暴斂」之說的辨析

史載：高氏荊南滅亡前，其國「年穀雖登，而民苦於暴斂」〔註138〕。此係宋人所言，盧懷忠出使高氏荊南歸來後，爲了迎合宋太祖吞併高氏荊南的心理，並借機邀寵取賞，言語之間或許不乏詆毀敵國之意。其實情究竟如何呢？揆諸史實，此種說法並非全然無稽。

高氏荊南疆域狹小，但其政權組織同樣是綱舉目張，既有爲數不少的官僚隊伍，又有一支數量在 30,000 人上下的常備軍，還要經常性地貢奉中原王朝，再加上王室成員的奢侈性消費，所有這一切均需大量財物的供給與支持。雖然，高氏荊南不時有劫掠中朝及各國使者財物的舉動，但其所得畢竟有限，大部分供軍養國之財，注定是取之於民，故而，加重對百姓的剝削負擔，實際上是最正常不過的事。

其實，早在高季昌統治初期，就已「厚斂於民」〔註139〕，以至出現「時政不治」的言論，貫休據此而作《酷吏辭》以諷之，其辭云：

> 霡雨濟濟，風吼如勵。有叟有叟，暮投我宿。吁歎自語，云太苛酷。如何如何，掠脂斡肉。吳姬唱一曲，等閒破紅束，韓娥唱一曲，錦段鮮照屋。寧知一曲兩曲歌，曾使千人萬人哭。不惟哭，亦白其頭，饑其族。所以祥風不來，和風不復，蝗兮蟊兮，東西南北。〔註140〕

所謂「苛酷」，當然是指官吏強徵暴取於民，致使百姓負擔沉重，生活困難，故而辭中才將官吏譬之爲「蝗」、「蟊」。

前文曾就高氏荊南的經濟制度稍做探討，在該政權的賦役徵發中，兩稅之外，復有雜稅之徵，幾乎已到了無物不徵的地步。並且，身丁鹽曲錢的徵取，甚至導致生子不舉現象的出現，儘管身丁錢以鹽、曲稅爲名目予以徵收，但其後則僅僅虛有其名，百姓納錢亦無法得到相應的鹽、曲配額，這是稅收中至爲典型的擾民、虐民之舉。加之高氏荊南力役徵發頻繁，經常性地打斷小農正常的生產生活秩序。凡此種種，都足以表明「民苦於暴斂」，的確是高氏荊南存在的現象。

〔註138〕《宋史》卷 274《盧懷忠傳》，第 9352～9353 頁。

〔註139〕《舊五代史》卷 133《高季興傳》，第 1751 頁。

〔註140〕《十國春秋》卷 100《荊南一·武信王世家》，第 1438 頁。

　　而且，暴斂於民的現象在其時極爲普遍，中原王朝如此，其他南方諸國亦同樣存在，並非僅見於高氏荊南。如後唐租庸使孔謙在任期間，「峻法以剝下，厚斂以奉上」〔註141〕。後漢王章理財，亦是惟事暴斂，「剝下過當」〔註142〕。後蜀「官倉納給用斗有二等，受納斗盛十升，出給斗盛八升七合」〔註143〕。可謂是「大斗進，小斗出」。南漢劉鋹時，「私制大量，重斂於民。凡輸一石，乃爲一石八斗」〔註144〕。楚王馬希範在位時，在常稅之外，規定：「大縣貢米二千斛，中（縣）千斛，小（縣）七百斛；無米者輸布帛。」〔註145〕而在南方各國中，吳越重斂虐民的現象尤具代表性。史載：

　　　　錢氏兼有兩浙幾百年，其人比諸國號爲怯弱，而俗喜淫侈，偷生工巧，自鏐世常重斂其民以事奢僭，下至雞魚卵𪇱，必家至而日取。每笞一人以責其負，則諸案史各持其簿列于廷，凡一簿所負，唱其多少，量爲笞數，以次唱而笞之，少者猶積數十，多者至笞百餘，人尤不勝其苦。〔註146〕

諸如此類，無不有逾法理，全屬橫徵暴斂之舉。

　　大環境已然如此，高氏荊南暴斂於民的行爲，並非不可理喻，實際上這只不過是其時各國通行的做法。所以，對此無需諱言，而懷疑甚至輕易否定該政權的暴斂之舉，顯然於史不合。

　　需要說明的是，高氏荊南經濟的發展與暴斂之說並不矛盾。儘管暴斂於民加重了百姓的負擔，會挫傷百姓生產的積極性，從而給經濟的發展帶來負面影響，然而，如上所述，其時各國皆有暴斂現象，百姓實際上已處於無所逃離於天地之間的困境，很難找到一個相對寬鬆的賦役環境，以逃避強加於自身的各種盤剝。並且，中國古代小農對生活壓力超乎尋常的忍耐程度，往往會使其將生存底線降至最低點，倘若現實條件能滿足小農生存的最低需求和水準，揭竿而起的可能性幾乎不存在。反之，一旦小農的生存底線被突破，隨之而來的常常就是小農的反抗。這些其實又都是古代中國在歷史發展的長時段中，較爲常見的事實，雖說具體到各個不同歷史時期，不同的政治單元，

〔註141〕〔宋〕洪邁：《容齋三筆》卷10《朱梁輕賦》，見《容齋隨筆》，第541頁。
〔註142〕《舊五代史》卷107《王章傳》，第1410頁。
〔註143〕《續資治通鑒長編》卷6，太祖乾德三年五月，第154頁。
〔註144〕《續資治通鑒長編》卷12，太祖開寶四年七月，第268頁。
〔註145〕《資治通鑒》卷283，後晉齊王天福八年十二月，第9259頁。
〔註146〕《新五代史》卷67《吳越世家》，第843頁。

不同的地域範圍，會以種種不同的形式表現出來，但貫通於其間的規律並未消失。高氏荊南時期，亦是如此。

　　進而言之，高氏荊南從穩定政局、延續政權的目的出發，在實施暴斂之舉的同時，也勢必會留意於境內民眾的生存現狀，採取各種可行措施，盡可能緩和各種社會矛盾，以免禍起蕭牆，自身不保。從高氏荊南的歷史發展過程來看，立國之初，高季昌即推行與民休息的政策，很快出現流民漸復的情況。其後的高從誨、高保融時期，也大體能延續前人成策，以保境安民為務。直至高保勗在位時，始有「軍民咸怨」〔註147〕的局面出現。據此而言，高氏荊南在相當長的時間內，仍能採取各項有力措施，努力推進經濟的發展。尤為特別的是，高氏荊南一貫推行重商之策，如果該政權對往來商旅所徵之稅過高過重，必定無法吸引以興販求利為宗旨的各地客商往來於其境，而客商的大幅減少，勢必導致其經濟收入的相應縮水，此種局面顯非高氏荊南統治者所願。

　　所以說，高氏荊南境內「民苦於暴斂」的現象的確不假，而高氏荊南經濟的發展，亦是事實，兩者能夠共存於其國，無足可怪。

第三節　高氏荊南經濟發展的實績

　　高氏荊南採取的發展經濟的各項舉措，提升了本地的經濟水平與實力，其具體表現為草市鎮的增加、商業的繁榮與人口的增長。

一、草市鎮的增加

　　所謂草市，即指鄉村地區自為聚落、民間自相貿易的定期集市。始興於南北朝，隋唐時期有所發展，入宋以後更呈勃興之勢。高氏荊南統治期間，除江陵這座最主要的城鎮外，江漢平原地區還有不少草市鎮，既有沿襲前代而有所發展者，亦有此時新增者，其總體數量較之前代應略有增多。茲就本地草市鎮的情況及其發展，述之如下：

　　沙市，處江陵城郊，在唐代即有相當發展，其時常稱沙頭，或沙頭市。唐人詩篇中有不少詠及沙市之句，如「吠聲沙市犬」〔註148〕；「飛急到沙頭」〔註149〕；「今日好南風，商旅相催發。沙頭檣杆上，始見春江闊」〔註150〕。

〔註147〕《宋史》卷483《荊南高氏世家》，第13953頁。
〔註148〕《全唐詩》卷407，元稹：《酬樂天東南行詩一百韻》，第4530頁。
〔註149〕《全唐詩》卷231，杜甫：《舍弟觀赴藍田取妻子到江陵喜寄三首》，第2541頁。
〔註150〕《全唐詩》卷364，劉禹錫：《荊州歌二首》，第4103頁。

反映的都是唐代沙市渡口商旅密集、千帆競發的繁盛景象。高氏荊南時期，沙頭亦見諸史載。後梁開平二年（908）九月，高季昌「遣兵屯漢口，絕楚朝貢之路；楚王殷遣其將許德勳將水軍擊之，至沙頭，季昌懼而請和」〔註151〕。後唐天成三年（928）六月，因高季興稱藩於吳，後唐命湖南馬殷出兵進討，「殷遣許德勳將兵攻荊南，以其子希範爲監軍，次沙頭」〔註152〕。兩次用兵皆在沙頭，可知其時渡口尚存，依舊便利於船舶停泊，南北東西客商亦多應在此駐留，沙頭商業亦或可觀。入宋之後，本地商業的發展勢頭不減，沙頭被稱爲「沙市」，因設稅務又名「沙市務」，是官府商稅收入的重要市場之一。至北宋中葉，沙市商稅收入已超過江陵城內，有學者據此認爲：「這標誌著江陵府的經濟中心在空間上發生了轉移，江陵城仍然是政治中心，而經濟中心已被沙市取代。」〔註153〕

馬頭（今湖北公安縣埠河鎮）草市，唐代即已出現。「馬頭」即碼頭，是「附河岸築土植木夾之至水次，以便兵馬入船」〔註154〕之處，因便於船泊停靠，久而久之即成爲商品交易之地。史載：淮南楊吳政權「遣其將李厚將水軍萬五千趣荊南，高季昌逆戰，敗之於馬頭」。胡三省注云：「荊南治江陵，在江北；南岸曰馬頭岸，正對沙市。」〔註155〕可知，馬頭與沙市南北相對。《太平寰宇記》卷146《山南東道五・荊州・公安縣》稱：「馬頭戍」在「縣西北50里」。

涔陽草市，在公安縣境內。史載：後梁開平元年（907）九月，雷彥恭攻涔陽、公安。〔註156〕前者即宗代之涔陽鎮。〔註157〕

瀺港草市，在公安縣境內。史載：後梁開平二年（908）四月，「淮南遣兵寇石首，襄州兵敗之於瀺港」〔註158〕。可見，瀺港亦便於兵船停泊，當爲通商之地。

〔註151〕《資治通鑑》卷267，後梁太祖開平二年九月，第8704頁。《十國春秋》卷100《荊南一・武信王世家》，第1428～1429頁。《新五代史》卷66《楚世家》載其事爲：「荊南高季昌以兵斷漢口，邀殷貢使，殷遣許德勳攻其沙頭，季昌求和，乃止。」第823頁。

〔註152〕《資治通鑑》卷276，後唐明宗天成三年六月，第9020頁。

〔註153〕楊果：《宋代的沙頭市與草市》，中國宋史第八屆年會未刊論文，1998年，銀川。

〔註154〕《資治通鑑》卷242，唐穆宗長慶二年十月胡三省注，第7822頁。

〔註155〕《資治通鑑》卷266，後梁太祖開平二年四月及胡三省注，第8694頁。

〔註156〕《資治通鑑》卷266，後梁太祖開平元年九月，第8684頁。

〔註157〕《元豐九域志》卷6《荊湖北路・江陵府・公安縣》，第266頁。

〔註158〕《資治通鑑》卷266，後梁太祖開平二年四月，第8694頁。

白洑（今湖北潛江市西北）南草市，在監利縣境內，即宋代潛江縣的前身，唐代即已知名，關於其沿革，上節已有敘述。據載，唐代「寶曆（825～826）中，荊州盧山人常販橈樸石灰，往來於白洑」〔註159〕。馬端臨曾說：「梁以復州監利來屬。宋乾德三年（965）陞白秋巡為潛江縣，白臼巡為建寧縣，萬庾巡為萬庾縣，白沙院為玉沙縣。萬庾尋廢。」〔註160〕其中的「白秋巡」即為「白洑巡」。白洑南草市，之所以從高氏荊南一直到宋初，相繼被陞為鎮、縣，即在於當地商業的發展與繁榮。其他如白臼巡、萬庾巡、白沙院皆在宋初被設置為縣，原因亦應與白洑巡相同，而這些巡、院均當為高氏荊南時期所置，其商業發展亦應有相當規模。

沙步與劉郎洑草市，均在石首縣境內。洑，即水流轉彎之處，或作浦、步。由此可知，沙步與劉郎洑兩地皆位於水流岸邊。史載：後唐天成三年（928）三月，「楚王殷如岳州，遣六軍使袁詮、副使王環、監軍馬希瞻將水軍擊荊南，高季興以水軍逆戰。至劉郎洑」。胡三省注：「江陵府石首縣沙步有劉郎浦，蜀先主納吳女處也。」〔註161〕《太平寰宇記》卷146《山南東道五・荊州・石首縣》稱：劉郎洑「在大江北」。《讀史方輿紀要》卷78《湖廣四・荊州府・石首縣》稱：劉郎浦「在縣西南二里，濱大江」。可見，沙步和劉郎浦都位於石首西南附近的大江北岸，直至南宋時這裡仍然是船隻停泊的港口。

此外，據史籍所載，北宋時期，江陵縣境還有俞潭、赤岸、湖溪、曾口等鎮〔註162〕；公安縣還有孱陵鎮〔註163〕；石首縣尚有藕池鎮、建寧鎮〔註164〕；監利縣，有監利、沔陽、玉沙三鎮。〔註165〕松滋縣有白水、枝江二鎮。〔註166〕長林縣境內有長林、安平、樂鄉、柏鋪、馬梁、歷口等鎮。當陽縣境內有山口、新店二鎮。〔註167〕這類市鎮在五代時期未見記載，難以判斷是否在高氏

〔註159〕〔唐〕段成式：《酉陽雜俎》卷2《壺史》，四部叢刊初編本，上海商務印書館1926年版，頁18-2。

〔註160〕《文獻通考》卷319《輿地考五・古荊州・江陵府》，考2506。

〔註161〕《資治通鑑》卷276，後唐明宗天成三年三月及胡三省注，第9015頁。

〔註162〕《太平寰宇記》卷146《山南東道五・荊州・江陵縣》，第307頁。《元豐九域志》卷6《荊湖北路・江陵府・江陵縣》，第266頁。

〔註163〕《元豐九域志》卷6《荊湖北路・江陵府・公安縣》，第266頁。

〔註164〕《元豐九域志》卷6《荊湖北路・江陵府・石首縣》，第267頁。

〔註165〕《元豐九域志》卷6《荊湖北路・江陵府・監利縣》，第266頁。

〔註166〕《元豐九域志》卷6《荊湖北路・江陵府・松滋縣》，第267頁。

〔註167〕《元豐九域志》卷6《荊湖北路・江陵府・長林縣》，同書同卷《荊湖北路・江陵府・當陽縣》，第267頁。

荊南時期即已存在。

　　不過，前已明確考知的若乾草市鎮，無疑是高氏荊南至為基本的商業據點，其大多具有水陸交通極為便利的特點，而分佈於草市鎮四周的糧食、經濟作物的生產和傳統家庭的小手工業生產，則是其賴以生存的土壤。本地所產與境內外的商人所販運的貨物，一般均以城市和草市鎮為交易場所，由此而使鄉村地區的自然經濟與以城市為基地的交換經濟發生密切聯繫，並為商品經濟的進一步發展拓寬了前行的道路，促進了商業的進一步繁榮。

二、商業的繁榮

　　史籍中關於高氏荊南商業繁榮的直接記述，並不多見，但對此也並非全然無所反映，以下僅據相關材料的零星記載，略為言之，以窺其一斑。

　　如前所述，五代時期的江陵一線是南方各國進貢中原王朝、通商的必經之路。楚王馬殷「聽民售茶北客，收其征以贍軍」〔註168〕，並在「汴、荊、襄、唐、郢、復諸州置回圖務，運茶河之南北，以易繒纊、戰馬，仍歲貢茶二十五萬斤」〔註169〕。江陵成為內地南北交通樞紐和長江中游的茶葉貿易中心之一，後周世宗柴榮在少年時，即嘗與鄴中大商人頡跌氏前往江陵販賣茶葉。〔註170〕

　　至江陵貿易者，除頡跌氏等北方商人外，還有來自於其他地區的客商。史載：

> 彌勒瑞像現於高氏。清泰間，隨吳商葉旺船至荊登岸，乃知為像。高氏迎之，從香烟所指，置城西北隅萬壽寺。〔註171〕

> 有估客自嶺外來，得龍眼一枝，約四十圍，共千枚，獻於保勗。
> 〔註172〕

　　這是吳商、南漢商人至江陵貿易的例子。據此可見，江陵城仍時常彙聚不少來自於各地的客商，而外地客商能至此貿易，當能說明江陵城商業繁榮的事實。惜史載不完，無法確知其時江陵城商稅稅額的有關情況。北宋神宗

〔註168〕《十國春秋》卷67《楚一·武穆王世家》，第936頁。
〔註169〕《十國春秋》卷67《楚一·武穆王世家》，第937頁。
〔註170〕《十國春秋》卷103《荊南四·王處士傳》，第1470頁。
〔註171〕《十國春秋》卷101《荊南二·文獻王世家》注引《江陵志餘》，第1441頁。
〔註172〕《十國春秋》卷101《荊南二·侍中保勗世家》，第1450頁。

熙寧十年（1077），江陵城商稅稅額為 8,468 貫 528 文〔註 173〕，高氏荊南時期或許與此相差不遠。

正因江陵等城市、市鎮能吸引外來客商，故在高氏荊南的上貢物品中，屢屢能見到並非本地所產的高級奢侈品，這些顯然都是商人販運而來。以龍腦香為例，如乾祐元年（948）六月，為重新修復與後漢王朝的關係，高從誨曾貢奉後漢龍腦香二斤。〔註 174〕高氏荊南滅亡後，宋太祖乾德二年（964）二月，高繼沖又上貢龍腦香十斤。〔註 175〕「龍腦香」產自東南亞等地，其能為高氏荊南所有，當為貿易所致。

由上約略可知，高氏荊南商業仍呈現出繁榮之勢。入宋之後，其勢更盛。如北宋時，沙市商業貿易額甚至一舉躍居江陵城之上，神宗熙寧十年（1077）沙市務的商稅額為 9,801 貫 65 文〔註 176〕，居江陵府屬 22 個榷貨場務之首。這種情況的出現，應該多少與高氏荊南時期商業發展的基礎有些關聯。

三、人口的增長

在中國古代社會，人口是綜合國力構成的主要要素之一，與經濟發展有著至為密切的關係。正如論者所言：「經濟過程決定著人口過程的基本趨勢，是人口過程存在和發展的基礎」；儘管「在某一時期內，某種特殊情況下，人口過程並不直接受制於經濟過程」，但「其最終受制於社會經濟發展」；「人口過程也會反過來影響，即延緩和加速經濟過程」。〔註 177〕經濟與人口間的上述關係，同樣表現於高氏荊南的歷史發展行程之中。

以江陵為中心的荊南地區，自唐末以來人口的陞降幾經反復。唐朝末年，荊州是唐軍和農民軍激烈作戰的地區之一，戰禍慘烈，人口銳減，據載「江陵城下舊三十萬戶，至是死者什三四」〔註 178〕，這是唐僖宗乾符五年（878）正月江陵的人口情況。次年十月，王鐸趣襄陽，留其將劉漢宏守江陵，「漢宏大掠江陵，焚蕩殆盡，士民逃竄山谷。會大雪，僵屍滿野」〔註 179〕。廣明元年（880）正月，僖宗製詞中提到：「東南州府遭賊之處，農桑失業，耕種不

〔註 173〕《宋會要輯稿》食貨一六之一三，第 5079 頁。

〔註 174〕《十國春秋》卷 101《荊南二‧文獻王世家》，第 1444～1445 頁。

〔註 175〕《宋史》卷 483《荊南高氏世家》，第 13954 頁。

〔註 176〕《宋會要輯稿》食貨一六之一三，第 5079 頁。

〔註 177〕《唐代長江中游的經濟與社會》，第 290 頁。

〔註 178〕《資治通鑑》卷 253，唐僖宗乾符五年正月，第 8195 頁。

〔註 179〕《資治通鑑》卷 253，唐僖宗乾符六年十月，第 8217～8218 頁。

時。就中廣州、荊南、湖南，盜賊留駐，人戶逃亡，傷夷最甚。」〔註180〕荊
南是人戶喪亡最爲嚴重的地區之一。光啓三年（887）十二月，秦宗權所署
山南東道留後趙德諲攻陷江陵，「遺民才數百家」〔註181〕。史書又云：「荊
州經巨盜之後，居民才一十七家。」〔註182〕此類說法或有誇張，但江陵遭
受破壞極爲嚴重當是事實。成汭鎮荊州時，「勤王奉國，通商務農，有足稱
焉」〔註183〕，治績甚著，以至時有「北韓南郭」之稱，唐昭宗天復三年（903）
江陵戶數已近萬〔註184〕。在受命援救鄂州杜洪時，竟「發舟師十萬」〔註185〕。
可知，其時人口數量已有極大程度的恢復。隨後，包括江陵在內的長江中游
地區再遭兵燹，「狡獪成性」的朗州軍閥雷彥威「常泛舟焚掠鄰境」，以致「荊、
鄂之間，殆至無人」〔註186〕，並曾一度攻佔江陵，「盡掠其人及貨財而去」
〔註187〕，「俘掠且盡」〔註188〕。江陵地區人口恢復的進程，由此又被打斷。
高季昌入主荊南之後，「招葺離散，流民歸復」，又誘使後梁軍隊遷入，江陵
「由是兵眾漸多」〔註189〕。本地區人口重新呈現出恢復、發展的勢頭。高
氏荊南的後繼者亦能踵其成法，保境安民，發展經濟，致使人口持續增長。
入宋之時，高氏荊南荊、歸、峽3州17縣計有142,300戶〔註190〕。這是史
籍中關於高氏荊南人口的唯一具體數字，彌足珍貴，惜既往研究者在評價高
氏荊南的經濟發展成就時，往往忽略這一數字背後的歷史意義，未能做出具
體解說。〔註191〕

　　勿庸諱言，宋初高氏荊南的人口規模，是其經濟長期發展的直接表現。
對這一人口數字予以深入分析，無疑有助於人們客觀認識高氏荊南經濟發展

〔註180〕《舊唐書》卷19下《僖宗紀》，第705頁。
〔註181〕《資治通鑒》卷257，唐僖宗光啓三年十二月，第8372頁。
〔註182〕《舊五代史》卷17《成汭傳》，第229頁。
〔註183〕《北夢瑣言》卷4《成令公爲蛇繞身》，第82頁。
〔註184〕《新唐書》卷190《成汭傳》，第5484頁。
〔註185〕《資治通鑒》卷264，唐昭宗天復三年四月，第8607頁。
〔註186〕《資治通鑒》卷264，唐昭宗天復三年五月，第8609頁。
〔註187〕《資治通鑒》卷264，唐昭宗天復三年五月，第8608頁。
〔註188〕《舊五代史》卷3《梁太祖紀三》，第56頁。
〔註189〕《舊五代史》卷133《高季興傳》，第1751～1752頁。
〔註190〕《續資治通鑒長編》卷4，太祖乾德元年二月，第85頁。《宋史》卷85《地
　　　　理志一》同此，第2093頁。
〔註191〕凍國棟曾言及於此，認爲南平入宋時的14萬餘戶，較之唐末有所增加。參見
　　　　氏著：《唐代人口問題研究》，武漢大學出版社1993年版，第198頁。

的成效，特別是在傳世文獻對高氏荊南經濟活動記載甚少的情況下，這種分析應當是揭示高氏荊南經濟發展水平的主要方式。以下的具體探討從兩個方面進行，一是縱向考察，即從唐宋之際本地區人口發展的歷程中，瞭解高氏荊南人口所達到的水平與高度，以人口發展的大勢反映高氏荊南發展本地經濟的實績；一是橫向比較，即與其時南方各割據政權進行對比，以期能說明高氏荊南的經濟實力。

先看高氏荊南的人口數字，在唐宋之際人口發展長河中所居的位置。

唐代荊、歸、峽三州戶口的發展，可列出下表 7-2。

表 7-2　唐代荊、歸、峽三州戶口一覽表

州　別	貞觀十三年（649）		開元二十九年（741）		天寶元年（742）	
	戶　數	口　數	戶　數	口　數	戶　數	口　數
荊州	10,260	40,958	28,932①	137,054	30,192②	148,149
峽州	4,300	17,127	7,317③	102,668	8,098	45,606
歸州	3,531	20,011	4,364④	21,534	4,645	23,417
合計	18,091	78,096	40,613	261,256	42,935	217,162

注：

① 《太平寰宇記》卷146《山南東道五·荊州》計爲 84,800 戶，第 306 頁。按，牟發松認爲此載顯然有誤，因開元（713～741）年間荊州既無外來移民湧入的記載，人口不可能較貞觀（627～649）年間增長如此之快；也無理由在天寶（742～756）年間猛至 3 萬餘戶，其間懸殊過大，由此可「推定《寰宇記》所載荊州開元戶是採錄今本《元和（郡縣圖）志》已逸的荊州元和戶或中唐以後其他年份的戶口。」此說較可信。參見《唐代長江中游的經濟與社會》，第 282 頁。

② 《唐代人口問題研究》計爲 30,392，第 193 頁。

③ 《太平寰宇記》卷147《山南東道六·峽州》計爲 8,098 戶，亦有可能出自《元和郡縣圖志》，俟考。

④ 《太平寰宇記》卷148《山南東道七·歸州》計爲 4,845 戶，亦有可能採自《元和郡縣圖志》，俟考。

資料來源：表中貞觀十三年（649）戶口、天寶元年（742）戶口出自《舊唐書》卷 39《地理志二·山南道》，開元二十九（746）年戶口出自《通典》卷 183《州郡十三·古荊州》。並參據孫繼民：《關於唐代長江中游人口經濟區的考察》，載黃惠賢、李文瀾主編：《古代長江中游的經濟開發》，第 348 頁；《唐代長江中游的經濟與社會》，第 254 頁。《唐代人口問題研究》，第 193 頁。

在正式進行比較之前，有三點必須予以說明：

其一，高氏荊南的總戶數還包括後梁時期隸入的監利縣戶數，該縣在唐代為復州所轄，其戶數在李唐時期自然不可能計入荊州，故用於比較的唐代戶數會比實際數字略低，雖然這多少會使下述比較結果產生些許偏差，但這一部分的準確數字，顯然無法通過簡單的方式從總數中予以減除，而且其數字也不會太多，不大可能對下述計算結果產生根本性的影響，就此角度而言，此因素很難削弱下述比較的說服力。

其二，唐代官方著籍戶口，並不能如實反映其時人口的確切情況，原因在於，唐代存在大量逃戶和隱漏人口，這部分人口並未計入官方人口統計數據之列。杜佑曾估計天寶（742～756）末戶籍脫漏至少在400～500萬之間，約占全國著籍戶總數的35%左右。〔註192〕歷代學者對唐代戶口脫漏數也有不同的估算，以下比較取凍國棟之推測，唐代「浮逃人口和土戶隱漏按照最保守的估計應占著籍總戶口數的半數以上」〔註193〕，即著籍戶口僅占實際人口的50%。

其三，宋代的戶與口的關係問題，有可能對比較結果帶來相當程度的衝擊。宋代人口問題自20世紀30年代以來一直就是學術界研究的重點，其焦點是史籍中宋代人口的戶多口少現象，平均每戶僅及2口左右的記載極為常見。迄今為止，關於這一論題的研究已湧現出眾多成果，茲不一一羅列。〔註194〕持續的爭論則使這一問題的解答，漸致彙聚為「漏口說」、「男口說」、「不計女口說」等數種代表性觀點。儘管如此，迄今卻尚未形成獲得普遍認可的解釋，其情形仍如上世紀60年代何炳棣在《宋金時中國人口總數的估計》中所說：「雖然以前研究宋代人口的學者付出了勞動和努力，我們仍無法準確瞭解宋代官方對『人口』的定義是什麼。」〔註195〕儘管如此，學術界在宋代戶數記載真實性的看法上，已達成共識，認為宋代人口資料中的戶

〔註192〕《通典》卷7《食貨七・丁中》記曰：「約計天下人戶少猶可有千三四百矣。」據此即可測算出脫漏人口的比例。第157頁。

〔註193〕《唐代人口問題研究》，第123頁。

〔註194〕已有學者對此予以梳理，參見何忠禮：《宋代戶部人口統計考察》，《歷史研究》1999年第4期；吳松弟：《中國人口史（第三卷）》，復旦大學出版社2000年版，第2~4頁；趙瑤丹：《宋代戶籍制度和人口數問題研究綜述》，《中國史研究動態》2001年第1期。

〔註195〕何炳棣著，葛劍雄譯：《明初以降人口及其相關問題：1368～1953》，三聯書店2000年版，第315頁。

數基本可信。由於高氏荊南的戶數是入宋時的統計結果，極有可能與宋代戶口的著籍方式相一致，囿於史料的缺乏，目前或許只能對此做出如此解釋。當然，也有可能不一致。穩妥起見，此處以前一種可能作為比較的前提，故在對這一數字的處理上，一如宋史研究者所經常採用的方式，認可戶數記載的真實性，再以傳統家庭「一戶五口」的標準予以推算〔註196〕。這也是目前唯一可行的方法。不過，必須承認的是，以 5 口作為家庭規模的口數，畢竟不是太準確，也不太可能得出準確的數字，好在此處僅將計算結果視為定性分析的基礎，而不是刻意追求相關數字的絕對精確，只是寄望通過相關結果的比較，反映出唐宋之際本地區人口發展的大勢，如此處理或許不致有太多不妥。

依據上述理解，將前引高氏荊南戶數與上表列舉的唐代貞觀（649）戶、開元（741）戶、天寶（742）戶進行比較，不難發現，高氏荊、歸、峽三州戶數遠遠超過唐代上述三個時期的戶數，分別約是後者的 393%、175% 和166%，即便是唐朝鼎盛時期天寶元年（742）此三州的著籍戶數，這一現在所能看到的唐代本地區戶數發展的頂峰數字，也僅及高氏荊南入宋時戶數的3/5。以戶均五口的方式計算高氏荊南的口數，即為 711,500，與表 7-2 中最高口數為 261,256 的開元二十九年（741）比較，後者為前者的 74%，不足 4/5，與戶數對比所得的結果仍較為接近。而高氏荊南與唐代戶口間所呈現出的如此懸殊的差距，的確有些出人意料。據此可知，高氏荊南的人口發展規模顯然大大超過唐代的絕大部分時間。

如果再聯繫唐末期間人口大量銳減的客觀事實，考慮高氏荊南人口發展的低起點，那麼，高氏荊南統治期間本地區達到的這一人口高度，所體現出的發展速度，顯然會更加令人難以置信。遺憾的是，如今已無法知曉高季昌入主荊南之初的具體人口數字，似乎很難就此做出進一步的推論。然而，在有限的記載中，有這樣一則材料：「（高）季興以江陵古之重地，又當天下多事，陰有割據之志，乃大興力役，重築城壘，執畚者逮十數萬人，皆攀援賓友，負土助焉。」〔註197〕其間言及這次力役之徵的「十數萬」人，雖然具體數字不詳，但對於詮釋高氏荊南的人口發展進程，多少還是提供了一個可資參考的數據。因其時高氏所轄唯有荊州一地（參見前面有關章節），故這次應

〔註196〕程民生認為，宋代北方戶均人口約9人，南方戶均人口約6人，參見氏著：《宋代家庭人口數量初探》，《浙江學刊》2000年第2期。此處仍沿襲「一戶五口」之說。

〔註197〕《三楚新錄》卷3，第6327頁。

役者當來自於荊州所轄諸縣；並且，記載中明言「大興力役」、「攀援賓友」相助，又或可表明此次土木工程是一次舉全國之力的浩大行動，其參與人數，保守估計也當在荊州所轄人數的半數上下。高季昌築城之舉在龍德元年（922）〔註198〕，其時高氏荊南已經過 10 餘年發展，生齒漸繁，流民湧入，固為事實，但材料明言此役人數為十數萬，或有虛誇成分，今折衷取 100,000 為數，則荊州所轄人數約 20 萬。

　　儘管歸、峽二州此時不在荊南勢力範圍之內，直至後唐明宗天成元年（926）才開始隸入，但從便於比較的角度出發，此處仍可做一些估算。結合表 7-2 所載，唐代荊州在荊、歸、峽三州總人口的比例仍可通過計算得出，其結果是，貞觀十三年（649）、開元二十九年（741）、天寶元年（742）三個年份分別為 43%、53% 和 68%。暫且忽視荊州開發進程遠遠領先于歸、峽二州的這一趨向，取其平均值以 55% 計，則歸、峽人口在三州人口的總數中占 45%。照此推算，後梁末帝龍德元年（922）時，此三州人口已達 363,636，折算成戶數為 72,727。不妨再以此人口數和入宋時的人口數，即戶數 142,300 的 5 倍，也就是 711,500，進行比較，後者為前者的 196%，近乎翻了一倍。而這一過程的實現，只有短短的 41 年。而唐代從其初期到盛唐百餘年的時間裏，三州的戶數、口數分別至多增加 24,844×2、183,168×2。以唐代開元二十九年（741）的口數與貞觀十三年（649）的口數對比，其增長幅度為 335%，這一過程的實現，則耗時 91 年。

　　那麼，上述兩個時段的人口年均增長率的情形又如何呢？無妨分別設唐代、高氏荊南上述兩個時期人口的年均增長率為 X1、X2，可得公式如下：

$$（1＋X1）91　二　3.35　；（1＋X2）41　二　1.96$$

　　計算後所得結果為：X1 是 13‰，X2 是 16‰，仍然是後者高於前者。儘管這種計算存在種種不足，但至少可以說明，高氏荊南時期人口發展的進程與盛唐不相上下，甚至有可能還在盛唐之上。

　　仍需強調的是，上述蠡測是在缺乏準確數字的情況下進行的估算，也必定與其時的人口實際進程有一定的距離，卻也並非全然毫無根據，大致還是能反映出高氏荊南人口發展的總體趨勢，這也是高氏荊南時期經濟迅速發展的真實反映。

〔註198〕《資治通鑑》卷 271「後梁均王龍德元年十二月」載：「高季昌遣都指揮使倪可福以卒萬人修江陵外郭。」即為其證。第 8871 頁。

依照常理而言，在高氏荊南經濟發展的基礎上，北宋初期，本地區的社會經濟應該有進一步的發展，人口亦應有所增加，但史籍中有關本地區宋初人口變動的記載，卻並不支持這一判斷。爲便於對此做進一步的說明，茲將本地區在北宋三個時期的戶數製成下表。

表 7-3　北宋江陵府、歸峽二州及荊門軍戶數一覽表

州　別	太平興國 戶數	元豐三年（1080） 戶數	崇寧元年（1102） 戶數
江陵府	67,517	189,922	85,801
峽州	4,391	45,496	40,980
歸州	2,562	9,638	21,518
荊門軍	3,970	——	——
合計	78,440	245,056	148,299

資料來源：太平興國戶分別出自《太平寰宇記》卷146《山南東道五・荊州/荊門軍》，
　　　　　第306、311頁；同書卷147《山南東道六・峽州》，第315頁；同書卷148
　　　　　《山南東道七・歸州》，第322頁。元豐戶出自《元豐九域志》卷6《荊湖
　　　　　北路・江陵府》，第266頁；同書卷6《荊湖北路・峽州》，第271頁；同
　　　　　書卷6《荊湖北路・歸州》，第273頁。崇寧戶出自《宋史》卷88《地理
　　　　　志四・荊湖北路》，第2193、2195、2196頁。

注：由於州縣改置，江陵府元豐戶、崇寧戶已包括原荊門軍戶數與原復州之監利縣戶
　　數。《元豐九域志》卷6《荊湖北路・江陵府》：「（熙寧六年）廢復州，以玉沙縣
　　爲鎮入監利；廢荊門軍，以長林、當陽二縣隸府。」第266頁。同書卷10《省廢
　　州軍・荊湖路・荊門軍》載：「開寶五年（980）即江陵府荊門鎮建軍，以長林、
　　當陽二縣隸軍；熙寧六年（1073）廢軍，以二縣隸江陵府。」第475頁。據此，
　　元豐三年（1080）、崇寧元年（1102）原荊門軍戶數實際已納入江陵府，是故表
　　中不載。

取太平興國戶數與高氏荊南入宋時戶數進行對比，前者竟比後者減少了 63,860 戶，損耗率約爲 45%，而兩者相距的時間至多不超過 22 年。這種情形顯然有悖於人口發展的正常邏輯。那麼，自宋太祖乾德元年（963）之後，導致本地區人口銳減的原因又何在呢？也許，這與宋初開展統一戰爭時，通常以荊南爲征服南方諸國的前沿陣地，不無關係。乾德二年（964），「荊湖既平，有穆昭嗣者事高氏荊南爲醫官，上召見問蜀中山川曲折之狀，昭嗣曰：『荊南即西川、江南、廣南都會之衝，既克此，則水陸皆可趨蜀。』」

〔註199〕事實上，宋廷滅亡高氏荊南後，一直到其後次第消滅後蜀、南漢、南唐，本地區屢屢都是宋軍屯駐、集結的戰略根據地，也是揮師進擊的前沿陣地。以開寶七年（974）宋軍討伐南唐的戰役爲例，當年九月，宋太祖「命宣徽南院使、義成軍節度使曹彬爲西南路行營馬步軍戰櫂都部署，山南東道節度使潘美爲都監，穎州團練使曹翰爲先鋒都指揮使，將兵十萬出荊南，以伐江南」〔註200〕。僅從「將兵十萬出荊南」一語，即可窺知此次戰役規模之大。有此一例，其餘無復再舉。而此種情形勢必會對本地區人口的發展產生阻礙性影響，反映在人口數據上，就是本地區人口在宋初二十餘年間的大幅度下降。在史載無多的情形下，作此推論，或可成立，仍未敢自必，權作一說罷。

太平興國（976～984）年間之後，本地區人口再次呈現迅速上昇的勢頭，宋神宗元豐三年（1080）戶數已達 245,056，約爲宋初高氏荊南戶的 172%，太平興國戶的 312%，其間也不過百餘年左右的時間。應該看到，宋初南方諸國平定之後，本地區已經進入和平狀態，生產生活秩序業已恢復正常，在經過百餘年的發展後，人口數量大幅度攀升已屬正常。

接下來再比較高氏荊南與其時南方政權的人口情況。

由於南方政權均在入宋時方有準確的人口數字，又因其被納入北宋版圖的時間又前後不一，加之具體面積的計算頗爲不易，所以，以下比較只能權且忽略時間上的差距，根據所載縣數，取縣均人口爲比較單位，稍做對比與判斷。

南方割據政權入宋時的戶數，見表 7-4。

表 7-4　南方割據政權入宋時的戶數一覽表

年　代	割據政權	得州縣數	得戶數
宋太祖乾德元年（963）	荊南	州　　3 縣　17	142,300〔註201〕
宋太祖乾德元年（963）	湖南	州　14 監　　1 縣　66	97,388〔註202〕

〔註199〕《輿地紀勝》卷 64《荊湖北路・江陵府上・風俗形勝》，第 2200 頁。
〔註200〕《宋史》卷 3《太祖紀三》，第 42 頁。
〔註201〕《續資治通鑒長編》卷 4，太祖乾德元年二月，第 85 頁。
〔註202〕《續資治通鑒長編》卷 4，太祖乾德元年三月，第 87 頁。

續表 7-4

年　代	割據政權	得州縣數	得戶數
宋太祖乾德三年（965）	後蜀	州　46 縣　240	534,029〔註 203〕
宋太祖開寶四年（971）	南漢	州　60 縣　214	170,263〔註 204〕
宋太祖開寶八年（975）	南唐（江南）	州　19 軍　3 縣　108	655,065〔註 205〕
宋太宗太平興國三年（978）	漳泉	州　2 縣　14	151,918〔註 206〕
宋太宗太平興國三年（978）	吳越	州　14 縣　86	550,608〔註 207〕
合　計			2,528,145

注：引自陶懋炳《五代史略》，第 179 頁。略有改動。

　　依據前述，則各割據政權縣均人口約分別爲：荊南 8,371 人，湖南 1,476人，後蜀 2,225 人，南漢 796 人，南唐 6,065 人，漳泉 10,851 人，吳越 6,402人。觀察比較結果，可知，高氏荊南的縣均人口密度僅次於漳泉，卻在其他割據政權之上。

　　儘管這種比較雖時間前後多有不同，難以準確說明高氏荊南人口在其時南方割據政權所處的地位，但與入宋時間一致的湖南和稍晚的後蜀予以對比，其縣均人口數量，遠遠領先於兩地，分別約是兩者的 567%和 376%，其差距不可謂不大。而這應當也是高氏荊南經濟的整體發展水平，領先於兩地的客觀寫照。

　　總體而言，高氏荊南統治期間，本地區經濟的發展取得了較爲令人矚目的成就，草市鎮的增多和商業的繁榮，特別是人口的增長，即是這種經濟發展的具體表現。惟因宋初本地屢屢被作爲宋廷平定後蜀、南漢、南唐的軍事基地，受供應戰爭的影響，這種良好的經濟發展勢頭未能繼續得以維持。直到宋太祖開寶八年（975）後，隨著南唐的滅亡，本地區的經濟發展才重新呈現出上昇的趨勢，從人口的大幅度增殖即可窺知此點。

〔註 203〕《續資治通鑑長編》卷 6，太祖乾德三年正月，第 146 頁。
〔註 204〕《續資治通鑑長編》卷 12，太祖開寶四年二月，第 261 頁。
〔註 205〕《續資治通鑑長編》卷 16，太祖開寶八年十二月，第 353 頁。
〔註 206〕《續資治通鑑長編》卷 19，太平興國三年四月，第 426 頁。
〔註 207〕《續資治通鑑長編》卷 19，太平興國三年五月，第 427 頁。

第八章　高氏荊南的文人群體

第一節　文人群體與高氏荊南國勢

「五代十國時期，詩人詞客大半集聚在南唐、吳越、荊（江陵）、蜀各地」〔註1〕。雖然，從總體上看，南唐、吳越和前蜀的文人遠較高氏荊南為多，但因荊南高氏大多禮賢下士，彙聚至此地的文人亦不在少數，其中亦不乏知名之士，孫光憲即為一時翹楚。高氏荊南的文人地位較高，亦皆忠於國事，敢於議政，在高氏荊南政局演變與國運走勢中，所起作用至為顯著。

一、文人群體的來源及構成

高氏荊南的文人群體，見於史籍者，有梁震、司空薰、孫光憲、王貞範、王惠範、僧齊己、嚴光楚、高若拙、康張等，基本上都為流寓至荊州的外地士人，其中並無一人出自本地。這種情形的出現，既與本地讀書人太少有關，更與荊州是外地士人遷移的中轉站、頻繁的遊歷之地這一特點有所關聯。

在唐代中葉以降的人口大遷移中，荊南湘水一帶是南遷士人的遷入地之一。〔註2〕《舊唐書》卷39《地理志二·山南道》即載：「自至德（756～758）後，中原多故，襄、鄧百姓，兩京衣冠，盡投江、湘，故荊南井邑，十倍其初。」緣於流寓士人的增多，乃至出現下述情形，所謂「江陵在唐世，號衣冠藪澤。人言琵琶多于飯甑，措大多于卿魚」〔註3〕。當然，江陵城內如此眾

〔註1〕王仲犖：《隋唐五代史（下）》，上海人民出版社1990年版，第1272頁。
〔註2〕凍國棟：《中國人口史（第二卷）》，復旦大學出版社2002年版，第325頁。
〔註3〕《太平廣記》卷266《盧程》，第2090頁。

多的衣冠之人，未必皆因戰後南遷而來，但南遷者爲數亦不會太少。不過，作爲士人彙聚之區的荊州，卻在相當長的一段時間內，不見由本州解送而及第者。史載：「唐荊州衣冠藪澤，每歲解送舉人，多不成名，號曰：『天荒解』。劉蛻舍人以荊解及第，號爲『破天荒』。爾來余知古、關圖、常修，皆荊州之居人也。卒有高文，連登上科。」〔註4〕自劉蛻「破天荒」後，荊州本地人及第者才逐漸增多。但唐末，荊南地區戰火不斷，讀書之風可能亦因此而受到影響。史籍中，亦不曾發現五代時期荊南本地文人的有關記載。

　　荊南作爲南遷士人寓居地的特點，在唐末五代初期依然有所保留。原來，朱全忠篡唐之前，鑒於「朝廷所以不理，良由衣冠浮薄之徒紊亂綱紀」〔註5〕，曾對世族官宦予以無情打擊，或殺或逐，以至朝廷內「搢紳爲之一空」〔註6〕。世家子弟紛紛投向別處，其中南下避禍而寓居江陵者，不乏其人。高季昌任荊南留後時，即嘗「以貴公子任行軍司馬」，所謂「貴公子」，也就是「中朝士族子弟」〔註7〕，這些人爲免遭不測，而遷徙至江陵。後唐莊宗滅梁，以興復唐室爲旗號，「求訪本朝衣冠」〔註8〕，這幫不達時變的前朝衣冠子弟，舊態復萌，紛紛離開荊南幕府，投靠後唐。其中，也有如李載仁、劉詵者，竟不離高氏門館，終身爲高氏荊南効勞。另外，司空薰爲「唐知制誥（司空）圖之族子」〔註9〕，自必是前朝衣冠子弟，亦未北上。

　　而且，由於江、淮阻兵，前蜀割據，荊南仍是文人遷徙、遊歷的重要落腳點之一。如梁震在返蜀途中，取道江陵。〔註10〕又如僧齊己在赴前蜀途中，仍然是以江陵爲中轉之地。〔註11〕貫休亦曾遊歷江陵。〔註12〕孫光憲爲圖進取，同樣「旅游江陵」〔註13〕。上述四人中，即有三位爲高季昌挽留於江陵，梁震、孫光憲更是成爲高氏荊南政權的重要僚佐。

〔註4〕《北夢瑣言》卷4《破天荒解》，第81頁。

〔註5〕《資治通鑒》卷265，唐昭宗天祐二年五月，第8642頁。

〔註6〕《資治通鑒》卷265，唐昭宗天祐二年五月，第8643頁。

〔註7〕《北夢瑣言逸文》卷2《薛韋輕高氏》，見《北夢瑣言》，第410頁。

〔註8〕《舊五代史》卷60《蘇循傳》，第812頁。

〔註9〕《十國春秋》卷102《荊南三·司空薰傳》，第1460頁。

〔註10〕《北夢瑣言》卷7《梁震無祿》，第167頁。

〔註11〕〔宋〕贊寧：《宋高僧傳》卷30《梁江陵府龍興寺齊己傳》，中華書局點校本1987年版，第751～752頁。

〔註12〕《十國春秋》卷100《荊南一·武信王世家》，第1438頁。

〔註13〕《三楚新錄》卷3，第6328頁。

　　至於王貞範、王惠範兄弟，本係幽州人，後梁、後唐更易之時，為免遭迫害，隨其父而投奔高氏荊南，亦可算做流寓之士。

　　另有嚴光楚、高若拙、康張，籍貫不詳，不知是否亦為自外地而至荊南者。

　　據此可知，高氏荊南的文人群體具有典型的流寓文人的特點。這些人當中，既有前朝衣冠子弟，如李載仁、司空薰；遊歷僧人，如僧齊己；遷徙無定的讀書人，如孫光憲、王氏兄弟；亦有前朝進士，如梁震。其構成相較複雜，而高氏荊南文臣的核心成員，即來自於這一群體。除梁震以「白衣從事」輔佐高季昌、齊己為龍興寺僧正、康張為縣令外，其餘諸人皆出任高氏荊南幕府幕職。

二、文人群體的得勢

　　自唐末以來，已經形成「諸鎮皆武夫」〔註14〕、「州、縣吏多武夫」〔註15〕的局面。五代時期，更是武人得志之秋。不惟節帥拔自行伍，刺史亦「皆以軍功拜」〔註16〕，所謂「守牧多武人」〔註17〕。並且，節度使往往「補親隨為鎮將，與縣令抗禮，凡公事專達於州，縣吏失職」〔註18〕。直接以槍桿子侵逼縣政，完全控制地方。武人用事，極其桀驁不馴，後晉成德軍節度使安重榮竟每每謂人曰：「天子，兵強馬壯者當為之，寧有種耶！」〔註19〕武夫悍卒之驕矜，即此可知。

　　而且，武夫「恃權任氣，又往往凌蔑文人，或至非理戕害」〔註20〕。有人即說：「為國家者，但得帑藏豐盈，甲兵強盛，至於文章禮樂，並是虛事，何足介意也。」〔註21〕後漢侍衛親軍都指揮使史弘肇亦歧視文人，嘗言：「文人難耐，輕我輩，謂我輩為卒，可恨，可恨！」〔註22〕又說：「安朝廷，定禍亂，直須長槍大劍，至如毛錐子，焉足用哉！」〔註23〕後漢三司使王章亦藐

〔註14〕　《新五代史》卷40《韓建傳》，第434頁。
〔註15〕　《新五代史》卷62《南唐世家》，第765頁。
〔註16〕　《新五代史》卷46《郭延魯傳》，第516頁。
〔註17〕　《續資治通鑑長編》卷2，太祖建隆二年五月，第46頁。
〔註18〕　《續資治通鑑長編》卷3，太祖建隆三年十二月，第76頁。
〔註19〕　《舊五代史》卷98《安重榮傳》，第1302頁。
〔註20〕　《廿二史札記校證》卷22《五代幕僚之禍》，第476頁。
〔註21〕　《舊五代史》卷107《楊邠傳》，第1408頁。
〔註22〕　《舊五代史》卷107《史弘肇傳》，第1405頁。
〔註23〕　《舊五代史》卷107《史弘肇傳》，第1406頁。

視文人，曰：「此等若與一把算子，未知顛倒，何益於事。」〔註24〕故而，文人遭武人貶抑，已成五代時期的通病。至於文人遭受武夫迫害、屠戮的事例，更是難以遍舉。在武夫悍卒橫行的時代，文人地位低下，難伸其志，惟能俯首低眉、謹小慎微地奉命於武人，以此保其性命、遷延歲月。

與上述情形有所不同的是，南方諸國文人的境況、命運，明顯有所改善，文人開始在政治舞臺上嶄露頭角，如吳、南唐、吳越、馬楚、前後蜀，均有文臣參與國政，由此而逐漸顯現出由武人政治向文人政治轉軌的跡象。這種情況在高氏荊南政權中亦有體現。

高氏荊南的文人群體，向為高氏統治者所器重，不僅未遭冷眼、遠離刀鋸之禍，而且均享受到很高的禮遇。高季興、高從誨二主在位時，大行折節好客、親禮賢士之風，廣泛延攬名士，充實幕府，壯大文人群體的力量。高氏荊南重臣梁震、孫光憲等，皆為前期網羅而致。不過，與其時藩鎮「延致名士，以光幕府」的做法有所區別的是，高氏荊南此舉並非純粹是為擺擺樣子、裝扮門面，而是能夠切實給予文人足夠的尊重，並優禮厚待。

最早供職於荊南幕府的當屬原唐代的衣冠子弟，如李載仁、司空薰等皆屬此類。儘管破落的世族後代，大多抱守門閥遺風，以門第相標榜，不通時務，且留有種種惡習。但高季昌並未因此而疏遠、驅逐此輩，反而關照有加，禮遇非常。史載：

> 高氏以貴公子任行軍司馬，常以歌筵酒饌款待數公。日常宴聚，求取無恒，皆優待之。後莊宗過河……中朝士族子弟多不達時變，復存舊態。薛澤除補闕，韋荊除《春秋》博士，皆賜緋，咸有德色，匆匆辦裝，即俟歸朝，視行軍蔑如也。李載仁，韋說之甥，除秘書郎。劉說，鄭珏之妹夫也，除《毛詩》博士，賜緋。爾後韋屢督李入京，高氏欲津置之。載仁遷延，自以先德遺戒，不欲依舅氏，但不能顯言，竟不離高氏門館。劉說無他才望，性嗜酒，口受新命，殊無行意，日于高氏情敬不衰，然則美醞肥羜之所引也。無何，以疾終。高氏贍給孤遺，頗亦周至。未間，洛下有變，明宗入統，南方強侯，人要姑息，韋（說）、鄭（珏）二相皆罷去，韋、薛尚跧荊楚。明年，保勖嗣襲，辟李為掌記。他日，錄其長息為子壻，第三子皆奏官，一門朱紫韡如也。劉說三子，迭加任遇，三孫女適高氏

子弟，向三十年，享其祿食，亦足稱也。韋荊州幕而卒，薛澤攝宰

而終，豈自掇乎，亦命也夫！〔註25〕

據此可知，高季興對於士族子弟的照顧確實極爲周全。即使如「無他才望，性嗜酒」的劉詵，高氏亦能美酒佳肴供應不輟；在其卒後，又能周到地「贍給孤遺」。甚至曾經從荊南幕府投奔後唐的薛澤、韋荊等人，在礙於形勢、無奈重歸江陵後，荊南高氏也照樣加以任用。當然，這些人的禮遇程度，遠遠不及不離高氏門館的李載仁，後者曾擔任幕府要職觀察推官、掌書記，高氏又妻以女，將其三子奏官，李氏一門遂榮寵無比。

在重用士族子弟的同時，對於寒門庶族出身的流寓文人，荊南高氏同樣以誠相待，結之以恩信。如梁震以前進士的身份自矜，無意入幕，僅願以白衣從事輔佐荊南，季昌卻並未因此對其大加撻伐，而是「甚重之，以爲謀主」〔註26〕，「時時呼爲先輩」〔註27〕。久負才名的孫光憲至荊南不久，即被高季昌委以重任，辟爲掌書記，使其成爲幕府要員。孫光憲終身位居要津，職高權重，文臣之中無出其右者。又如王貞範、王惠範兄弟，迭任高氏荊南（觀察）推官，高從誨還以惠範爲子婿〔註28〕，這種恩遇亦爲其時所少見。詩僧齊己赴蜀途中，取道江陵，亦爲高季昌款留，並「於龍興寺淨院安置，給其月俸，命作僧正」〔註29〕。另有高若拙，緣於「善詩」，而被辟爲幕職。至於嚴光楚、康張任職的原因，史籍無載，難以考述。

基於高氏諸主的信用與厚遇，文人勢力日漸壯大，其地位也不斷上升，至少已不亞於武將，甚至大有超越武將之上的苗頭。史載：

（梁）延嗣起家行伍，居恒諱健兒士卒之語。一日，與孫光憲同赴毬場，光憲上馬，左右掖之者頗眾，延嗣在後戲曰：「孰謂大卿年老而彌壯邪？良由扶持力爾！」光憲回顧曰：「非是眾扶，蓋是老健。」延嗣不勝怒，論者少之。〔註30〕

梁延嗣係高氏荊南的重要武將，繼沖在位時，其與光憲分執文、武二柄，地位之高不言而喻。可是，對於孫光憲觸犯其忌諱，僅能「不勝怒」而已；

〔註25〕　《北夢瑣言逸文》卷2《薛韋輕高氏》，見《北夢瑣言》，第410～411頁。

〔註26〕　《資治通鑑》卷267，後梁太祖開平二年十月，第8706頁。

〔註27〕　《十國春秋》卷102《荊南三‧梁震傳》，第1461頁。

〔註28〕　《十國春秋》卷103《荊南四‧王惠範傳》，第1467頁。

〔註29〕　《宋高僧傳》卷30《梁江陵府龍興寺齊己傳》，第751～752頁。

〔註30〕　《十國春秋》卷103《梁延嗣傳》，第1469頁。

即使就是此舉，亦爲時人所譏。由此可知，高氏荊南的文人地位並不亞於武將，而且，其時重文輕武似成風氣，否則，梁延嗣發怒的舉動，也不至於出現「論者少之」的結果。

　　文人的得勢，在下述事例中反映得尤爲明顯。入宋之前，高氏荊南內部曾對是否假道宋軍展開討論，李景威主張嚴兵以待，孫光憲對此不以爲然，建議「封府庫以待」〔註31〕。值得注意的是，光憲在反駁景威時，直稱其爲「峽江一民耳」〔註32〕，這種說法極具貶低意味。若是武人得志，光憲此語一出，輕則受笞，重則身首異處。事後，光憲卻安然無恙。據此來看，文人得勢已經成爲高氏荊南政權中存在的基本事實，而武人政治的色彩業已趨於淡化。

　　所以說，高氏荊南對文人的禮遇絕非徒有其表，而是確有其實質性內容。也正是基於此點，被高氏荊南延請的流寓文人，除上述韋荊、薛澤外，至荊南後就再未遷徙別處，這也反映出該政權的重文舉措對文人所產生的強大吸引力。與厚遇文人相聯繫，文人的政治地位也有明顯提升，不僅武將恃勇專暴、欺凌文人的現象從未發生，而且，文人已逐漸上昇爲政治中堅，成長爲能與武將抗衡的政治力量，有時其風頭甚至蓋過武將。

　　但是，文人的得勢，並不意味著文人就可憑藉高氏之優寵，玩弄特權，耍奸弄滑，營私舞弊。實際上，對於膽敢胡作非爲的文人，荊南高氏自有處罰措施。史載：

　　　進士鄭起謁荊州節度高從誨，館於空宅。其夕，夢一人告訴曰：「孔目官嚴光楚無禮。」意甚不平。比夕又夢。起異其事，召嚴而說之。嚴命巫祝祈謝，靡所不至，莫知其由。明年，鄭生隨計，嚴光楚愛其宅有少竹徑，多方而致之。才遷居，不日以罪笞而停職，竟不知其故。〔註33〕

材料中的所謂夢中之語，大可不必相信。但據此可知，嚴光楚被罪笞、停職，已不單單是貪戀竹徑的問題，其中還有更深層次的原因，「無禮」才是癥結所在。但其「無禮」之狀，史載不明，難知其詳。惟此一例，已能反映出高氏荊南對文人的重用，顯然與懲惡和姑息文人迥然有異。

〔註31〕《續資治通鑑長編》卷4，太祖乾德元年二月，第85頁。
〔註32〕《新五代史》卷69《南平世家》，第860頁。《續資治通鑑長編》卷4，太祖乾德元年二月，第84頁。
〔註33〕《北夢瑣言逸文》卷3《鄭起空宅夢異》，見《北夢瑣言》，第415頁。

高氏荊南的文人政策既有恩遇，亦有約束，雙管齊下，由此亦使文人政治智慧和才能的發揮，被納入到理性、健康的軌道上來。高氏荊南內政的安定，當得益於此。

三、文人群體與高氏荊南國運

高氏荊南羅致、禮遇文人，看重的不是其華麗的文辭、如簧的巧舌，也無意於以文人粉飾自身，而是迫切渴望能激發文人參政、議政的熱情與積極性，以便能在高氏荊南政權中切實施展其政治才幹和本領，從而起到鞏固、延續高氏統治的作用。事實上，被倚重的文人群體，也屢屢在高氏荊南面臨困境時，一次次憑藉其敏銳的政治眼光和理性的政治智識，幫助該政權化險為夷，擺脫危機，充分展示出文人治國的政治特長。

荊南高氏的割據之念，萌生於後梁太祖末年，之所以曾對梁祖推崇備至的高季昌會萌動此心，其資本之一即在於其擁有梁震、司空薰的智囊團。〔註34〕梁震與司空薰委身荊南高氏後，忠直無隱，臨事敢言，「遇事時多匡正」〔註35〕。後梁滅亡後，儘管兩人在高季興是否朝唐的問題上有分歧，但這絲毫未影響兩人對高氏荊南的忠誠。雖說高季興聽從司空薰建議朝唐，幾乎被莊宗羈留，最后倉皇而歸，季興之失策亦「未有如入覲洛京與勸唐伐蜀之二事者」〔註36〕。然而，客觀來看，朝唐之旅固然風險多多，但卻使「唐舍江陵而竟先滅蜀」〔註37〕，也使季興真切感受到莊宗的自大與後唐朝政的廢弛，從而得出「吾無憂矣」〔註38〕的結論，高氏荊南的獨立性隨後也大大得以增強。季興在此之後，愈加信重梁震。前蜀滅亡後，高季興震驚不已，深恐後唐趁勢吞併荊南，梁震則說：「不足憂也。唐主得蜀益驕，亡無日矣，安不知其不為吾福！」其言雖不乏寬慰之意，但梁震對時勢的判斷卻相當準確，誠如胡三省所言：「梁震之料莊宗，如燭照數計。」至於胡三省的另一番見解，囿於對高氏荊南的成見，則無須理會，所謂「荊南之福則未聞也。以三郡之地介乎強國之間，惴惴僅能自全，何福之有」〔註39〕！上述情況表明，在高氏荊南由昔時藩鎮

〔註34〕《十國春秋》卷100《荊南一・武信王世家》，第1429頁。

〔註35〕《十國春秋》卷102《荊南三・司空薰傳》，第1460頁。

〔註36〕《十國春秋》卷100《荊南一・論曰》，第1438頁。

〔註37〕《十國春秋》卷102《荊南三・司空薰傳》，第1460頁。

〔註38〕《資治通鑑》卷272，後唐莊宗同光元年十二月，第8910頁。

〔註39〕以上引文俱見《資治通鑑》卷274，後唐莊宗同光三年十一月及胡三省注，第8946頁。

走向割據之路的過程中，梁震的謀劃之功，不容小視。

在戰爭等重大事項的決策上，梁震、孫光憲二人也能從高氏荊南的安危出發，提出合理化建議。如後唐明宗天成元年（926），高季興擬興兵攻楚，孫光憲諫曰：「荊南亂離之後，賴公休息，士民始有生意。若又交惡於楚，一旦他國乘吾弊，良足憂也。」〔註40〕季興乃止。天成三年（928），後唐派遣房知溫領兵攻伐荊南，高季興見其兵少，欲開城迎戰，梁震諫曰：「朝廷禮樂征伐所出，兵雖少而勢甚大，加四方諸侯各以吞噬為志，若大王不幸，得戰勝，則中朝徵兵四方，其誰不欲仗順而取大王土地邪！為大王計，莫若致書主帥，且以牛酒為獻，然後上表自劾，如此庶幾可保。」〔註41〕季興亦依計而行。以上梁震、孫光憲二人的言論，是從保全高氏荊南角度出發的遠見卓識，與季興識見相較，高下立判。不過，季興亦有可貴之處，此即從善如流，擇善而行。正是有賴於梁震、光憲的諫阻，荊南不僅避免了戰火的侵襲，而且亦因此暫時走出了覆亡的困境。

入宋以後，統一形勢日益明朗。針對高保勗的種種缺乏理智的行為，孫光憲切諫曰：「公宜克勤克儉，勿奢勿僭，上以奉朝廷，中以嗣祖宗，下以安百姓，若縱佚樂，非福也。」可惜保勗不聽。在是否歸降於宋的問題上，孫光憲的態度亦極為明確，力勸繼沖納土。此舉不僅順應了統一的潮流，也使高氏血脈得以傳承，黎民百姓免遭戰禍，功莫大焉。

綜括上述，高氏荊南的國運大勢，與文人群體的獻計獻策密切相關。其能從一個僅有一州之地的藩鎮，在夾縫中發展為擁有三州地域，並延續至宋初的獨立政權，文人群體之功，亦當予以承認。

第二節　梁震

梁震，生卒年皆不詳。唐末進士，返蜀途中，被高季昌挽留，成為高氏政權前期主要謀士，在輔佐高季昌立足荊南、創立高氏荊南的過程中，居功至偉。高從誨繼立後，梁震因年老退隱，卒於荊南。《十國春秋》卷 102《荊南三》有傳。另《三楚新錄》卷 3《梁震裨贊》敘其生平甚詳。

〔註40〕《十國春秋》卷 102《荊南三·孫光憲傳》，第 1463 頁。
〔註41〕《十國春秋》卷 102《荊南三·梁震傳》，第 1462 頁。

一、早年履歷

關於梁震籍貫，諸書所載歧異，有「蜀人」〔註42〕、「蜀郡人」〔註43〕、「依政」〔註44〕人、「卬州依政人」〔註45〕等不同說法。相較而言，後一種說法甚爲具體。「卬州」即「邛州」〔註46〕，據《新唐書》卷42《地理志六·劍南道》，依政（今四川邛崍市）爲邛州臨邛郡屬縣。梁震本名靄，後改之。緣何改名，史書有如下記載：

> 僖宗在蜀日，方修舉業。時劉象先輩隨駕在蜀，震以所業贄於劉。劉略吟味震詩曰：「據郎君少年，才思清秀，儻隨鄉賦，成器非遙。若不改名，無因顯達。何以？緣『靄』字『雨』下從『謁』，雨下謁人，因甚得見？此後請改爲『震』。『震』字『雨』下從『辰』。辰者，龍也。龍遇水雨變化，燒尾之事，不亦宜乎！」震後果得上第，名聞諸侯。〔註47〕

《十國春秋》卷102《荊南三·梁震傳》亦載此事，稍略。可見，出於中舉及第、入仕爲宦的目的，在劉象先的勸說下，梁震始以「震」爲名。又因梁震生年，諸書無載，據上述材料亦可推知其大概。按，「僖宗在蜀日」爲中和元年（881）至中和五年（885），梁震改名即應在此前後。其時，梁震爲「少年」，雖歲數仍無法確知，但大體可定於二十歲上下。由此上推，梁震生年約在唐懿宗咸通三年（862）前後。〔註48〕

前引材料已顯示，梁震曾「得上第」，關於其發解、及第時間，文獻中亦有揭櫫。史載：

> 唐荊南節判司空董（應爲「薰」），與京兆杜無隱，即滑臺杜慆常侍之子，泊蜀人梁震，俱稱進士，謁成中令，欲希薦送。有薛少尹者，自蜀沿流至渚宮，三賢嘗訪之。一日，薛亞尹謂司空曰：「閣下與京兆，勿議求名，必無所遂。杜亦不壽。唯大賢忽爲人縶維，官至朱紫。如梁秀才者，此舉必捷，然登第後，一命不

〔註42〕《北夢瑣言》卷7《梁震無祿》，第167頁。
〔註43〕《五代史補》卷4《梁震禪贊》，第2516頁。
〔註44〕《資治通鑑》卷267，後梁太祖開平二年十月，第8705頁。
〔註45〕《十國春秋》卷102《荊南三·梁震傳》，第1461頁。
〔註46〕邛州，治今邛崍市，轄境相當今四川邛崍、大邑、蒲江等市縣地。
〔註47〕〔後蜀〕何光遠：《鑒誡錄》卷9《改名達》，五代史書彙編（第10冊），杭州出版社點校本2004年版，第5941頁。
〔註48〕參見房銳、蘇欣：《梁震生平事跡考》，《西華大學學報》2005年第2期。

沾也。」後皆如其言。〔註49〕

記載中所云「成中令」即成汭，其於唐昭宗龍紀元年（889）至天復三年（903）鎮荊南〔註50〕。所謂「欲希薦送」，即科舉中的請求發解。由此可知，梁震或許由荊南發解而前往京師參加省試。據《愛日齋叢鈔》卷2引《大定錄》云：「震開平元年（907）侍郎于兢下及第。」據考訂，唐昭宗天祐四年（907），知貢舉者爲禮部侍郎于兢。〔註51〕綜合上述材料，則梁震於天祐四年（907）二月進士及第。徐松《登科記考》卷27即將梁震列入唐末及第者，雖無繫年，然不誤。實際上，梁震是唐王朝科舉考試中的最後一榜進士。

　　儘管從銳意舉業至金榜題名前後已歷二十餘載，梁震亦從意氣少年進入人生的中年時代，但終究學有所成，多年心血終得認可，本以爲就此可躋身仕途、建功立業，故「登進士第，流寓京師」〔註52〕，孰料及第兩個月後，朱全忠篡唐建梁，定都汴州。梁、唐易代的巨大變化，對於梁震求取功名、致力功名利祿的人生理想，產生嚴重衝擊。雖說後梁太祖即位之初，「求理尤切，委宰臣搜訪賢良。或有在下位抱負器業久不得伸者，特加擢用。有明政理得失之道規救時病者，可陳章疏，當親鑒擇利害施行，然後賞以爵秩。有晦跡丘園不求聞達者，令彼長吏備禮邀致，冀無遺逸之恨」〔註53〕。在此形勢下，以梁震「前進士」的身份，實在不難在後梁政權內謀得一官半職，但梁震卻毅然南歸，拒絕効力於後梁。

二、入荊南及其不仕

　　後梁開平二年（908），梁震返蜀途中，被荊南節度使高季昌所挽留。時值高季昌鎮荊南不久，爲在強敵如林的險惡環境中求生存，高季昌亦極力搜羅人才，對於「得上第，名聞諸侯」的梁震，高季昌傾慕有加。史載：「梁公却思歸蜀，重到渚宮，江路梗紛，未及西泝，淮師寇江陵，渤海王邀致府衙，俾草檄書，欲辟於府幕，堅以不仕爲志，渤海竟諾之。二紀依棲，竟麻衣也。」〔註54〕大致相同的記載亦見於他書。所不同的是，下引材料中，梁震對於「不

〔註49〕《北夢瑣言》卷7《梁震無祿》，第167頁。
〔註50〕《唐方鎮年表》卷5《荊南》，第704～706頁。
〔註51〕岑仲勉：《登科記考補訂》，見〔清〕徐松：《登科記考》，中華書局點校本1984年版，第15頁。
〔註52〕《十國春秋》卷102《荊南三·梁震傳》，第1461頁。
〔註53〕《舊五代史》卷3《梁太祖紀三》，第50頁。
〔註54〕《北夢瑣言》卷7《梁震無祿》，第167～168頁。

仕」的原因有所解釋。

《鑒誡錄》卷 9《改名達》載：

> 高令公季昌召赴荊南，以筆硯籌畫見託。終身不就賓席，慮因玷污前明。

《五代史補》卷 4《梁震褝贊》載：

> 高季興素聞其名，欲任爲判官。震恥之，然難於拒，恐禍及，因謂季興曰：「本山野鄙夫，非有意於爵祿，若公不以孤陋，令陪軍中末議，但白衣從事可矣。」季興奇而許之，自是震出入門下，稱前進士而已。

《資治通鑒》卷 267「後梁開平二年十月」載：

> 依政進士梁震，唐末登第，至是歸蜀；過江陵，高季昌愛其才識，留之，欲奏爲判官。震恥之，欲去，恐及禍，乃曰：「震素不慕榮宦，明公不以震爲愚，必欲使之參謀議，但以白衣侍樽俎可也，何必在幕府！」季昌許之。震終身止稱前進士，不受高氏辟署。季昌甚重之，以爲謀主，呼曰先輩。胡三省注云：「高季昌出於奴僕，故梁震恥爲之僚屬。」

綜觀以上所引，梁震不仕均以無意爵祿作答，卻又因礙於情勢，恐身遭不測，故虛以委蛇，屈身高氏荊南政權。這種處理，表面看來順理成章，其實僅是託辭而已。至於胡三省將高季興的「奴僕」身份視爲梁震不恥於介身幕府的原因，亦是皮相之論。

梁震委身荊南的經過，《十國春秋》卷 102《荊南三·梁震傳》亦有較詳細記載，其間也涉及梁震不願廁身幕府的原因，大體符合客觀實際，先看原文：

> 梁開平初，歸蜀，道過江陵，武信王喜其才識，留之不遣，欲奏爲判官。震自以爲唐臣，恥爲強藩屬吏，即亡去，又恐及禍，乃曰：『震素不慕榮宦，明公不以震爲愚，必欲使參謀議，但以白衣侍樽俎可也。』王心重之，俾與司空薰、王保義同爲賓客，而震獨不受辟署，稱前進士，王亦時時呼爲先輩。

此則材料表明，梁震不願進入高氏荊南節度的幕府，雖然表面上仍以「不慕榮宦」爲辭，但實際上主要基於兩點考慮：其一，「自以爲唐臣，恥爲強藩屬吏」，即梁震仍以唐臣自居，羞於入幕；其二，擔心強行推辭，招來橫禍。其

中的第二點原因與前引材料相一致，無須辨識；明顯與前述有所不同的第一點，倒是值得重視。既然梁震以唐臣自我標榜，勢必會產生強烈的抵制後梁王朝的情緒，也斷無可能進入後梁政權。這種一心事唐的心跡，在梁震進士及第不久即離開中原、取道南歸的行爲中，已然有所顯露。結合相關史實，可知，後梁太祖篡奪唐王朝不久，即提拔原任荊南留後的高季昌爲荊南節度使，則高季昌所任荊南節度使一職實爲後梁王朝所授予，荊南鎮不過是後梁王朝所隸屬的強藩。加之高季昌原爲朱全忠養子朱友讓家奴，後因軍功而爲朱全忠賞識，其本人與朱全忠的關係非同一般，其能迅速從行伍而升至封疆大吏，此點尤爲關鍵。正是由於荊南與後梁存在這種特殊關係，所以在梁震看來，進入荊南幕府與投身後梁王朝並無本質區別。而且在武人得志之秋，文人惟有仰其鼻息而已，否則難免身首異處。可是，此番心思畢竟是難言之隱，確有不便訴說的苦衷。故此，梁震僅能以「非有意於爵祿」、「不慕榮宦」等語，掩蓋其眞實想法，並堅持不擔任賓幕職，僅以「白衣」身份爲高季昌出謀劃策。這又是其忠於唐朝的一種表現。

由此可見，眞正促使梁震如此選擇的原因，固然與武人凌蔑文人的客觀現實，及恐因拒絕而招來殺身橫禍有所關聯，但至爲關鍵的則是其心中揮之不去的「前進士」情結。「前進士」稱謂爲梁震終生認可的事實，本身就足以表明梁震極爲珍視獲自於唐朝的進士身份，梁震一生對此呵護備至，以寄託對唐王朝的緬懷與追思。對於這種不事二朝的忠節氣概，後世學者亦有較高評價：

> 於唐之亡，得三士焉。羅隱之於錢鏐，梁震之於高季昌，馮涓之於王建，皆幾於道矣。〔註55〕

> 唐之重進士也，貴於宰輔。……涓旣起家幕佐，隱與震皆以不第無聊，依身藩鎮，而皎皎之節，炎炎之言，下視天祐末年自詫清流之奸輔，猶豚騺然。一列爲士，名義屬焉，受祿與否何較哉？天秩之倫，性植之正，周旋曲折，隱忍以全生，而耿耿清宵者不昧也，唐之亡，三士而已，公卿大夫惡足齒乎？〔註56〕

王夫之以梁震爲「不第」者，與史實不洽，但在氣節的品評上，視梁震、羅隱與馮涓爲唐士，高度肯定三人對唐王朝的忠誠，其所展示的忠義之風，與所謂的清流奸輔、公卿大夫相較，可謂有同天壤。

〔註55〕《讀通鑒論》卷28《五代上》，第1014頁。
〔註56〕《讀通鑒論》卷28《五代上》，第1015頁。

還應看到，在為唐朝効力的理想破滅之後，梁震的人生價值取向確實已超脫於名利之外。如其詩所述：「桑田一變賦歸來，爵祿焉能浼我哉。黃犢依然花竹外，清風萬古凜荊臺。」〔註57〕梁震高岸的節操與飄然功名利祿之外的灑脫，於詩中均有顯現。詩僧齊己在《寄梁先輩》詩中道：「慈恩塔下曲江邊，別後多應夢到仙。時去與誰論此事，亂來何處覓同年。陳琳筆硯甘前席，用里煙霞待共眠。愛惜麻衣好顏色，未教朱紫污天然。」〔註58〕充滿了對梁震人生際遇的同情，也表達了對梁震高潔人格的贊許。就此而言，不以功名為意的確是梁震的人生態度。故而，梁震用以推脫幕職的「非有意於爵祿」、「不慕榮宦」等辭令，並非無稽而發。其後選擇退隱的人生之路，亦恰與此相合。然而，此點仍當視作其忠貞事唐志向的延伸，退隱亦是守其心志的具體表現之一。

另有學者推測，梁震取道歸蜀乃是為投奔前蜀王建政權。〔註59〕此說一則缺乏相關史料證實；二則倘梁震果真有心如此，並非絕無機會逃離荊南；三則歸蜀於梁震而言即是返歸故里，未必鐵定就是前往依附王建，不排除隱居的可能。故是說尚有斟酌餘地。

三、輔佐高季興

儘管梁震無心入幕，但在荊南前期，由於深受禮遇，被高季昌倚為股肱，遂悉心輔佐高氏荊南政權，殫精竭慮，俾盡忠誠。後梁乾化二年（912），「季昌潛有據荊南之志，乃治城塹，設樓櫓，奏築江陵外城，增廣（闕二字）丈，復建雄楚樓、望江樓為捍敵。執畚鍤者十數萬人，將校賓友皆負土相助」。「會梁太祖殂，季昌見梁日衰弱，既得倪可福等為將帥，梁震、司空薰、王保義等為賓客，遂謀阻兵自固」〔註60〕。在荊南由方鎮走向獨立王國的過程中，梁震扮演了重要角色。

同光元年（923）十月，後唐莊宗滅梁，「下詔慰諭」。高季昌聞訊後，為示好後唐，「避唐廟諱，更名季興，欲自入朝」〔註61〕。梁震「性抗直，臨事敢言」〔註62〕，力排眾議，堅決反對高季興入朝覲見，並分析道：「唐有吞天

〔註57〕《全唐詩》卷762，梁震：《清臺道院》，第8659頁。

〔註58〕《白蓮集》卷9《寄梁先輩》，頁1-1。

〔註59〕《孫光憲與〈北夢瑣言〉研究》，第36頁。

〔註60〕《十國春秋》卷100《荊南一・武信王世家》，第1429頁。

〔註61〕《資治通鑑》卷272，後唐莊宗同光元年十月，第8902頁。

〔註62〕《三楚新錄》卷3，第6327頁。

下之志，嚴兵守險，猶恐不自保，況數千里入朝乎！且公朱氏舊將，安知彼不以仇敵相遇乎！」〔註63〕《新五代史》卷69《南平世家》載其言曰：「梁、唐世爲仇敵，夾河血戰垂二十年，今主上新滅梁，而大王梁室故臣，握彊兵，居重鎭，以身入朝，行爲虜爾。」兩段文字雖有不同，所表達的核心內容卻完全一致。其時，後唐勢頭正勁，荊南地狹兵弱，避之惟恐不及，加之高季興本係梁臣，故季興於此時入朝洛陽的確有欠妥當。隨後發生的事實證明，梁震的判斷確有道理。

季興入覲洛陽，果然，莊宗萌生出扣留季興的念頭，郭崇韜諫曰：「陛下新得天下，諸侯不過遣子弟將佐入貢，惟高季興身自入朝，當褒賞以勸來者；乃羈留不遣，棄信虧義，沮四海之心，非計也。」〔註64〕莊宗遂止，乃厚遣季興歸鎭。不久，又生悔意，密令襄州劉訓攔截，幸得季興機警，連夜斬關而遁，莊宗詔書亦於是夜送達襄州，然爲時已晚。季興返回荊南，謂梁震曰：「不聽子言，幾不免。」〔註65〕明確表達了悔意。與季興的顢頇固執相比較，尤顯出梁震目光之敏銳，謀慮之深邃，識見之高邁。

高季興在洛陽時，曾建議莊宗先攻王蜀，再取吳地。史載：

（莊宗）從容問曰：「朕欲用兵於吳、蜀，二國何先？」季興以蜀道險難取，乃對曰：「吳地薄民貧，克之無益，不如先伐蜀。蜀土富饒，又主荒民怨，伐之必克。克蜀之後，順流而下，取吳如反掌耳。」〔註66〕

不料前蜀政權不堪一擊，迅速被後唐軍隊消滅。前蜀滅亡的消息傳來，季興「方食，失匕箸，曰：『是老夫之過也。』梁震曰：『不足憂也。唐主得蜀易驕，亡無日矣，安不知其不爲吾福！』胡三省注云：「梁震之料莊宗，如燭照數計。」〔註67〕滅蜀之後不久，莊宗果眞走向窮途末路。事實的發展，再次印證了梁震預見的正確性，其非比尋常的洞察力再度得以體現。

後唐明宗天成三年（928），後唐軍隊進攻江陵，高季興欲出城交戰，梁震當即予以制止。史載其事曰：

朝廷遣夏魯奇、房知溫等領兵來伐。季興登城望之，見其兵少，

〔註63〕《資治通鑑》卷272，後唐莊宗同光元年十月，第8903頁。
〔註64〕《資治通鑑》卷272，後唐莊宗同光元年十二月，第8910頁。
〔註65〕《新五代史》卷69《南平世家》，第857頁。
〔註66〕《資治通鑑》卷272，後唐莊宗同光元年十一月，第8907頁。
〔註67〕《資治通鑑》卷274，後唐莊宗同光三年十一月，第8946頁。

喜，欲開城出戰，震復諫曰：「大王何不思之甚耶！且朝廷禮樂征伐
之所自出，兵雖少而勢甚大，加以四方諸侯各以相吞噬爲志，但恨
未得其便耳。若大王不幸，或得一戰勝，則朝廷徵兵於四方，其誰
不欲仗順而起，以取大王之土地耶！如此則社稷休矣。爲大王計者，
莫若致書於主帥，且以牛酒爲獻，然後上表自劾，如此則庶幾可保
矣。不然，則非僕之所知也。」季興從之，果班師。〔註68〕

　　梁震的上述言論亦是基於對形勢分析而做出的正確判斷，其核心在於準
確地把握了荊南與中原王朝、其他諸國之間的關係。依照梁震的理解，倘若
荊南直接與中原王朝對抗，無論成敗如何，荊南終歸會面臨喪師辱國的風險。
是時，惟有對中原王朝採取妥協退讓之策，荊南的滅頂之災才不會降臨。此
番分析切中肯綮，故季興欣然予以採納，荊南面臨的軍事危機隨即解除。

四、退隱

　　梁震先後輔佐高季昌、高從誨父子。從誨「性明達，親禮賢士，委任梁
震，以兄事之；震常謂從誨爲郎君」〔註69〕。早在後唐天成元年（926）時，
梁震即推薦孫光憲加入荊南幕府。孫光憲才識過人，與梁震治國謀略彼此接
近，故很快就在荊南政權站穩腳跟，並且，深得從誨信任。如在孫光憲勸告
下，從誨「捐去玩好，以經史自娛，省刑薄賦，境內以安」〔註70〕。鑒於孫
光憲已能獨當一面，梁震遂自請隱退，「從誨不能留，乃爲之築室於土洲。震
披鶴氅，自稱荊臺隱士，每詣府，跨黃牛至聽事。從誨時過其家，四時賜與
甚厚。自是悉以政事屬孫光憲」〔註71〕。梁震自此淡出政治舞臺，惟「灌園
鬻蔬，爲別業，稱處士」〔註72〕，優游林泉，放情山水，不以世事爲意。「末
年尤好篇詠，與僧齊己友善」〔註73〕。《十國春秋》卷103《荊南四·僧齊己
傳》也說：「梁震晚年酷好吟咏，尤與齊己善，互相酬答。」惜梁震唱和之作
均佚，後人無法目睹。

　　關於梁震退隱的原因，尚有不同說法。《三楚新錄》卷3云：

〔註68〕《五代史補》卷4《梁震禪贊》，第2517頁。
〔註69〕《資治通鑒》卷279，後唐潞王清泰二年十月，第9135頁。
〔註70〕《資治通鑒》卷297，後唐潞王清泰二年十月，第9135頁。
〔註71〕《資治通鑒》卷279，後唐潞王清泰二年十月，第9135頁。
〔註72〕《三楚新錄》卷3，第6328頁。
〔註73〕《五代史補》卷4《梁震禪贊》，第2517頁。

  洎季興卒，從誨立。震獨不悅，謂所親曰：「先王平生與吾相見，兄弟之不若也。今日之下，安能屈節北面復事其子耶？」於是求解職，退處於郊外。……每從誨以事召，至府，則倒跨黃牛，往往直造聽事前，呼從誨不以官閥，止稱大郎君而已。從誨以其先王舊人，不忍以過殺之。

《五代史補》卷 4《梁震裨贊》亦稱：

  洎季興卒，子從誨繼立。震以從誨生於富貴，恐相知不深，遂辭居於龍山別業，自號處士。從誨見召，皆跨黃牛直抵聽事前下，呼從誨不以官閥，但郎君而已。

  據上述記載，梁震退隱的根源在於，梁震感念先王時期的「兄弟」關係，羞於「復事其子」，並擔心「相知不深」，難於施為。這種說法是否妥當，仍有待辨析。

  實際上，高從誨雖然出身於富貴之家，的確難免沾染紈絝子弟奢華習氣，以至羨慕馬希範的奢侈之舉，但對荊南所處環境及客觀形勢一直有較為清醒的認識，在承繼父業之後，即針對性地調整其父擬訂的相關政策，特別是努力彌合與中原王朝間的裂縫，將此前的對抗中朝的策略改變為「奉事中朝」，極大地消除了來自中原王朝的軍事威脅，而且起到震懾相鄰政權的作用，使之不敢貿然向荊南宣戰，這一措施無疑是荊南出現「省刑薄賦，境內以安」局面的前提。僅此而言，從誨的政治識見較之乃父，實有過之而無不及。這種情形，顯然更加有利於梁震施展其政治才華。而從重用人才角度看，從誨禮賢下士，從善如流，亦不輸其父，並無可能不再倚重梁震。再者，梁震並非熱衷於名利之輩，其之所以能在高氏荊南政權前期以「白衣」身份盡心盡力，實則緣於深感高季昌知遇之恩，從誨繼位之後，似無理由恪守上下尊卑關係，在意虛名，以至於以念念不忘「兄弟」之情為藉口，而恥於「復事其子」。即此三點，可知《三楚新錄》與《五代史補》的有關說法或許不夠確切。今有學者已就此提出不同意見〔註74〕，其結論與史實相合。

  既然並非與高從誨不和，那麼究竟是何種原因，促使梁震選擇退隱呢？有學者認為，年歲過高，精力不濟，才是問題的癥結所在〔註75〕。這種說法較為切近梁震的實際，誠可徵信。按，梁震於唐僖宗中和元年（881）前後，

〔註74〕傅璇琮主編：《唐五代文學編年史（第五卷）》，遼海出版社 1998 年版，第 281 頁。

〔註75〕《孫光憲與〈北夢瑣言〉研究》，第 39 頁。

便已是「修舉業」的「少年」，至後唐末帝清泰二年（935），已逾五十餘載，從時間上進行推斷，梁震應早已進入風燭殘年，垂垂老矣，以如此高年繼續爲高氏荊南奔走操勞，對其身心負荷而言顯然難以承受，也的確是勉爲其難。不過，除此之外，對高氏荊南懷有深厚感情的梁震，之所以甘居幕後，還有一因素亦不容忽視，這就是高從誨嗣位後所體現出的奮發向上的政治作爲，以及孫光憲等人的忠直無私、謀猷獻納，已使荊南政權呈現出良好的發展趨勢。於是，退出勞心費力的政治中心，便成爲梁震無奈而又自覺的選擇。梁震臨辭前，曾對從誨曰：「先王待我如布衣交，以嗣王屬我。今嗣王能自立，不墜其業，吾老矣，不復事人矣。」〔註 76〕此語眞切地道出了梁震退隱的眞實原因，即「嗣王能自立」與自身之年老。

然而，正如前引相關材料所述，梁震隱退之後，從誨在重大軍國活動的決策上，仍然樂意傾聽梁震的意見，故屢屢「以事召」至，梁震每遇「見召」，也無不欣然「倒跨黃牛」前往。可見，即便梁震以「處士」自居，依舊能對高氏荊南政權竭誠盡力，發揮餘熱。這也從側面進一步印證出梁震與從誨不和的說法，缺乏事實根據。

對於梁震在荊南政權中所發揮的作用，後世史家不乏讚譽之辭。司馬光言及高從誨、孫光憲、梁震時曾道：「孫光憲見微而能諫，高從誨聞善而能徙，梁震成功而能退，自古有國家者能如是，夫何亡國敗家喪身之有。」胡三省對梁震還有單獨評價：「梁震翼贊高氏父子，能保其國，是功也。」〔註 77〕王夫之則視梁震爲守「道」之士，梁震在高氏荊南的所作所爲，是立足於荊南現實條件的明智之舉，他說：「梁震無能規正季昌使拒賊而自立，非震之計不及此也，季昌介羣雄之間，形勢不便，而寡弱固無能爲也。震居其國，自全焉足矣。以前進士終老於土洲，季昌屈而己自伸，祇恤其躬，而不暇及人，是亦一道也。」〔註 78〕

可見，高氏荊南能在四鄰虎視、戰火紛飛的險惡環境中，從一州之地發展爲據有三州的獨立小王國，並能延續數十年，以「保其國」，與梁震竭力輔佐高氏父子確然有著緊密的聯繫。高氏荊南前期的這種良好態勢，也爲其後高氏荊南的平穩發展奠定了牢固的基石。

〔註 76〕《資治通鑑》卷 279，後唐潞王清泰二年十月，第 9135 頁。
〔註 77〕《資治通鑑》卷 279，後唐潞王清泰二年十月胡三省注，第 9135～9136 頁。
〔註 78〕《讀通鑑論》卷 28《五代上》，第 1014～1015 頁。

第三節　孫光憲

孫光憲（896～968），字孟文，自號葆光子〔註79〕，陵州貴平（今四川仁壽縣東北）人〔註80〕。曾仕前蜀爲陵州〔註81〕判官，頗有政聲。後唐明宗天成初年（約926），避地江陵，因梁震所薦，高季興辟其爲掌書記。孫光憲事南平四世五主，累官荊南節度副使〔註82〕、朝議郎、檢校秘書少監、試御史中丞，賜紫金魚袋。宋太祖趙匡胤遣大將慕容延釗假道荊南，孫光憲力勸高繼沖獻地降宋，宋太祖嘉其功，授黃州刺史。太祖乾德六年（968）卒。著有《北夢瑣言》、《荊臺集》、《橘齋集》等。《宋史》卷483、《十國春秋》卷102《荊南三》有傳。

一、早年履歷

關於孫光憲生年，今人多有討論。或稱其「生年已不可考」〔註83〕，或謂「生年約在公元895年」〔註84〕，或曰「約生於唐乾寧（894～897）」年間〔註85〕，或言「生年大約應在公元896年或稍後一兩年之間」〔註86〕，或「暫定其生年爲898年」。據房銳考證，其生年當爲唐昭宗乾寧三年（896）。

〔註79〕〔宋〕陳振孫：《直齋書錄解題》卷11《小說家類》，上海古籍出版社點校本1987年版，第324頁。《宋史》卷483《荊南高氏世家》，第13956頁。《十國春秋》卷102《荊南三・孫光憲傳》，第1464頁。

〔註80〕《續資治通鑒長編》卷2，太祖建隆二年九月，第54頁。《輿地紀勝》卷150《成都府路・隆州・貴平縣・人物》，臺北文海出版社影印本1971年版，第747頁。《宋史》卷483《荊南高氏世家》，第13956頁。按，《北夢瑣言》題爲「富春孫光憲纂集」，今人姜方錟認爲：「光憲著書，自署富春人，蓋郡望故也。林山腴先生云：按衛卿有孫林文，凡孫氏皆望富春，蓋始於魏晉。光憲本爲陵州貴平人，而其著書自署曰『富春孫光憲』，蓋郡望族望，宋人皆重之。」參見氏著：《蜀詞人評傳》，成都古籍書店1984年版，第101頁。

〔註81〕陵州，治今仁壽縣東二里，轄境相當今四川仁壽、井研二縣及簡陽市、雙流縣部分地。

〔註82〕按，此說有誤，賀中復曾指出：「今考自孫入荊南至荊南歸宋，節度副使始終由高氏擔任，未曾予人。孫於入宋前，僅任節度判官，當時此官權重，幾等副使。」參見吳庚輝、董乃斌主編：《唐代文學史》，人民文學出版社1995年版，第746頁。

〔註83〕孫光憲：《北夢瑣言・前言》，上海古籍出版社點校本1981年版，第1頁。另，文中凡未予以特別說明者，《北夢瑣言》引文均出自中華書局點校本2002年版。

〔註84〕莊學君：《孫光憲生平及其著述》，《四川師範大學學報》1986年第4期。

〔註85〕陳尚君：《唐代文學叢考》，中國社會科學出版社1997年版，第403頁。

〔註86〕劉尊明：《唐五代詞史論稿》，香港文化藝術出版社2000年版，第240頁。

〔註87〕茲采其說。

　　孫光憲，以「葆光子」爲號，其「葆光」二字源出《莊子·齊物論》：「注焉而不滿，酌焉而不竭，而不知其所由來，此之謂葆光。」成玄英疏云：「葆，蔽也。至忘而照，即照而忘，故能韜蔽其光，其光彌朗。」〔註88〕其間寓意，光憲亦有自解，所謂「當衰亂之世，須適時之宜」〔註89〕，則亂世之間，明乎時變、韜光養晦、不露鋒芒，實乃保身之要。

　　孫光憲家族「世業農畝，惟光憲少好學」〔註90〕，史載：「陵州地堉而力耕，家貧而好學，此風俗之古也」〔註91〕，「其土堉，故無萬鍾之家；其地左，故無千金之賈；其俗樸，不樂轉徙」〔註92〕。受當地風氣影響，光憲自少年時代起即銳意於學。孫光憲早年行跡無定，蜀中地區多有其轉徙足跡，劍州〔註93〕、利州、秦州、鳳州、資州〔註94〕、成都、犍爲（今四川樂山市境內）、雲安（今重慶雲陽縣）一帶，光憲皆曾漫遊。〔註95〕遊歷之時，光憲仍不忘求知，「遊處之間，專於博訪」〔註96〕，既增進了知識、開闊了視野，亦對社會與現實有了更深刻的理解。

　　孫光憲一度久寓成都，並曾撰《浣溪沙》詞二首，詞云：

　　　　落絮飛花滿帝城，看看春盡又傷情。華歲頻度想堪驚。　　風月豈惟今日恨，煙霄終待此身榮。未甘虛老負平生。

　　　　十五年來錦岸遊，未曾行處不風流，好花長與萬金酬。　　滿眼利名渾信運，一生狂蕩恐難休。且陪煙月醉紅樓。〔註97〕

〔註87〕《孫光憲與〈北夢瑣言〉研究》，第2～5頁。

〔註88〕郭慶藩：《莊子集解》，中國書店1988年版，第28頁。

〔註89〕《北夢瑣言》卷9《王給事剛鯁》，第201頁。

〔註90〕《宋史》卷483《荊南高氏世家》，第13956頁。

〔註91〕《輿地紀勝》卷150《成都府路·隆州·風俗形勝》引何熙《仁壽縣記》，臺北文海出版社影印本1971年版，第745頁。

〔註92〕《輿地紀勝》卷150《成都府路·隆州·風俗形勝》引韓駒《進士題名記》，臺北文海出版社影印本1971年版，第745頁。

〔註93〕劍州，治今四川劍閣縣，轄境相當今四川劍閣、梓潼等縣地。

〔註94〕資州，治今四川資中縣北三里，轄境相當今四川資陽市以南，內江市以北沱江流域。

〔註95〕《孫光憲與〈北夢瑣言〉研究》，第8頁。

〔註96〕《北夢瑣言·序》，見《北夢瑣言》，第15頁。

〔註97〕孔範今主編：《全唐五代詞釋注》，陝西人民出版社1998年版，分見第1194、1199頁。

其詞顯現出詞人雖以風流浪子、青樓狎客自處，但在醉生夢死、荒唐頹廢的表象之下，其內心並未甘於流連歲月，蹉跎人生，與此相反，進入仕途，建功立業，才是光憲的最終追求。但前蜀未曾開科取士，所以光憲一生並未能參加科考。〔註98〕職此之故，入幕成為其進入仕宦之旅的唯一途徑。

唐末，王建割據西川，建立前蜀。然而，前蜀政權「所用皆唐名臣世族」〔註99〕，衣冠世族成為前蜀政權倚重的主要力量，王建「雖目不知書，好與書生談論，粗曉其理。是時唐衣冠之族多避亂在蜀，蜀主禮而用之，使修舉故事，故其典章文物有唐之遺風」〔註100〕。名門望族子弟既得佔據要津，如光憲等庶族寒門之士顯然不可能有進身之途。

孫光憲曾在前蜀擔任陵州判官一職〔註101〕。在任此職時的行事，史籍無載，無從詳考。從「唐時為陵州判官，有聲」〔註102〕一語進行判斷，應該政績尚可，大概是一位稱職的官吏。大約與之同時，曾經無比強盛的前蜀政權正在經歷由盛轉衰的過程，其情形誠如蒲禹卿所說：「今朝廷所行者，皆一朝一夕之事，公卿所陳者，非乃子乃孫之謀。暫偷目前之安，不為身後之慮。衣朱紫者，皆盜跖之輩。在郡縣者，皆狼虎之人。奸諛滿朝，貪淫如市，以斯求治，是謂倒行。」〔註103〕同光二年（924），後唐軍隊大舉伐蜀，僅用七十餘天，存在十八年的前蜀政權即被滅亡。為穩定兩川，莊宗「詔蜀朝所署官四品以上降授有差，五品以下才地無取者悉縱歸田里；其先降及有功者，委崇韜隨事獎任」〔註104〕。在這種形勢下，出身農家、身居下僚的孫光憲，重新在兩川任職的可能已極其渺茫。之後不久，後唐統治集團發生內訌，郭崇韜被誅，莊宗尋亦被殺，明宗李嗣源即位。

蜀中大亂不已，孫光憲的政治出路相應被堵塞，不得不另謀幕席。大約在後唐明宗天成元年（926）之初，年屆而立的孫光憲毅然攜家人辭別桑梓。

〔註98〕《五代十國史研究》，第 88 頁。

〔註99〕《新五代史》卷 63《前蜀世家》，第 787 頁。

〔註100〕《資治通鑑》卷 266，後梁太祖開平元年九月，第 8685 頁。

〔註101〕《資治通鑑》卷 275，後唐明宗天成元年四月，第 8979 頁。《十國春秋》卷 102《荊南一・武信王世家》，第 1434 頁。按，房銳認為，有關記載中稱唐時孫光憲即為陵州判官之說，不妥。參見氏著：《孫光憲與〈北夢瑣言〉研究》，第 10 頁。

〔註102〕《十國春秋》卷 100《荊南三・孫光憲傳》，第 1463 頁。

〔註103〕〔宋〕張唐英著，王文才、王炎校箋：《蜀檮杌校箋》卷 1《前蜀先主》，巴蜀書社 1999 年版，第 175 頁。

〔註104〕《資治通鑑》卷 274，後唐莊宗同光三年十二月，第 8951 頁。

在今《北夢瑣言》中有兩則材料，大約應與孫光憲由蜀地進入荊南的過程有關。

材料一載：

> 僞王蜀葉逢，少明悟，以詞筆求知。常與孫光憲偕詣術士馬處謙，問命通塞，馬曰：「四十巳後，方可圖之，未間，苟或先得，於壽不永。」於時州府交辟，以多故參差，不成其事。後充湖南通判官，未除官之前，夢見乘船赴任，江上候吏，旁午而至，迎入石窟。覺後，話於廣成先生杜光庭次，忽報敕下，授檢校水部員外郎。廣成曰：「昨宵之夢，豈小川之謂乎？」自是解維，覆舟於犍爲郡青衣灘而死。即處謙之生知，葉逢之凶夢，何其效哉！光憲自蜀沿流，一夕夢葉生云：「子於青衣，亦不得免。」覺而異之。洎發嘉州，取陽山路，乘小舟，以避青衣之險。無何篙折，爲迅流吸入青衣，幸而獲濟。豈鬼神尚能相戲哉！〔註105〕

《新唐書》卷 42《地理志六‧劍南道》云：嘉州〔註106〕屬劍南道，「嘉州犍爲郡，中。本眉山郡，天寶元年更名」。另據《元和郡縣圖志》卷 31《劍南道上‧嘉州》稱，有青衣水流龍遊縣南，夾江縣西。今人考證，青衣水與大渡河在嘉州交匯，進入岷江。〔註107〕

材料二載：

> 雲安縣西有小湯溪，土俗云此溪龍與雲安溪龍爲親，此乃不經之談也。或一日，風雷自小湯溪循蜀江中而下，至雲安縣，雲物回薄入溪中，疾電狂霆誠可畏，有柳毅洞庭之事，與此相符。小湯之事自目睹。〔註108〕

《十國春秋》卷 111《地理表上》稱：「安州，舊爲雲安縣，後置雲安監，屬夔州。前蜀永平時升安州。」其時的雲安縣，即今重慶市雲陽縣。

雖然上述兩段記載中，頗含神秘怪誕之意，但拋開其間的神異成分，其間提到的「自蜀沿流」與「循蜀江中而下」，極有可能反映了孫光憲離開蜀地進入荊南的事實，即由青衣水、岷江、蜀江順水路而行，經嘉州、雲安縣抵達荊南界內。

〔註105〕《北夢瑣言逸文》卷 1《馬處謙談命奇驗》，見《北夢瑣言》，第 380～381 頁。
〔註106〕嘉州，治今四川樂山市，轄境相當今四川樂山、峨眉山、峨邊等市縣地。
〔註107〕《中國歷史地圖集（第五冊）》，第 65～66 頁。
〔註108〕《北夢瑣言逸文》卷 4《湫龍會親》，見《北夢瑣言》，第 434 頁。

二、入幕荊南及其所任官職

後唐天成元年（926）四月，高氏荊南政權中的重要謀臣梁震，「薦前陵州判官貴平孫光憲於季興，使掌書記」〔註109〕。可見，孫光憲能進入高氏荊南幕中，梁震在其中起了重要作用，至於孫光憲是否受梁震所邀而至江陵，難做定論。不過，此記載明言孫光憲所任掌書記職務始於高季興在位時。據此，可以判定，下述記載當誤。

《三楚新錄》卷3載：

> （孫光憲）旅游江陵，方圖進取。從誨辟之，用爲掌書記。

《郡齋讀書志》卷18《別集類中》稱：

> 王衍降唐，（孫光憲）避地荊南，從誨辟掌書記。

《宋史》卷483《孫光憲傳》云：

> 游荊渚，高從誨見而重之，署爲從事。

以上三說均認爲，高從誨時期，孫光憲始被辟爲掌書記、從事，明顯與《資治通鑒》所記不合，當誤。其中，《宋史》所載「從事」乃是幕職泛稱，並非「掌書記」，但其以光憲見用於從誨時，仍誤。

而孫光憲始入高氏荊南幕中，即被辟爲掌書記，「自是凡牋奏書檄皆出其手」〔註110〕。掌書記一職被喻爲「節度使之喉舌」〔註111〕，習稱記室，地位僅次於判官，掌管使府的表奏書檄等文字事務。光憲初來乍到，即位居其職，既與高季興重用人才有關，更重要的恐怕還在於其自身出眾的文才，其聲名應早就播及荊南。

自離開蜀地進入荊南，孫光憲在荊南生活三十七年之久，主要承擔文職工作，並一直是高氏荊南重要的謀臣，也備受高氏四世五主的厚待和禮遇。而在有關記載中，關於孫光憲任職高氏荊南的時間，尚有不同說法。如《直齋書錄解題》卷11《小說家類》稱：「光憲仕荊南高從誨，三世在幕府。」《宋史》卷483《孫光憲傳》載：光憲「歷保融及繼沖，三世皆在幕府」。《蜀中廣記》卷97《著作記第七·集部》云：「高從誨辟掌書記，三世皆在幕府。」《十國春秋》卷102《荊南三·孫光憲傳》曰：「光憲事南平三世，皆處幕中。」

〔註109〕《資治通鑒》卷275，後唐明宗天成元年四月，第8979頁。《十國春秋》卷100《荊南一·武信王世家》，第1434頁。

〔註110〕《三楚新錄》卷3，第6328頁。

〔註111〕〔五代〕王定保：《唐摭言》卷6《公薦》，唐五代筆記小說大觀本，上海古籍出版社點校本2000年版，第1631頁。

今人亦有受上述記載影響者〔註112〕。前引《資治通鑒》已經表明，自高季興時起，光憲已進入荊南幕府，所以，孫光憲實際歷四世五主，「三世」之說有誤。

　　光憲所任之職主要有掌書記和判官〔註113〕。關於此點，在史籍中另有不同記載。《白蓮集》卷7有《寄荊幕孫郎中》一詩，則孫光憲領有郎中銜。而另據齊己《夏滿日偶作寄孫支使》、《孫支使來借詩集因有謝》〔註114〕等詩。前詩自注：「其年閏五月。」據考證，其詩作於後唐明宗長興二年（931），則孫光憲已擔任節度支使。〔註115〕但是，依唐代制度，支使僅存於觀察使府中，節度使府並無此幕職，後者只有副使之設，兩者各有隸屬，不宜混同。實際上，支使是觀察府僚佐，節度府並無支使。支使非專掌表箋書翰之任，而偏重政務。〔註116〕是則其職掌範圍亦有差異。有人認為，「節度府稱掌書記，觀察使府稱支使，名異而實同」〔註117〕。此說亦有不當。因此，將上述「孫支使」當作「節度支使」的說法，顯然有所失察，事實上，根本不存在「節度支使」之職，孫光憲又何以可能成為「荊南節度支使」呢？據此，「孫支使」只能是孫光憲擔任「荊州觀察支使」或「荊歸峽觀察使支使」之職的省稱。

　　前已有揭，高氏荊南數主之中，確有被授予「觀察使」之職者。如高季昌在後梁立國之初，即兼觀察使。史載：「及梁祖禪代，正拜江陵尹，兼管內節度觀察處置等使。」〔註118〕而且，後唐長興元年（930）十二月，明宗製詞中亦說：

　　　　荊南節度使高從誨亡父，扶天輔國翊佐功臣、荊南節度、歸峽
　　　等州觀察處置等使、開府儀同三司、簡〔檢〕較〔校〕太尉、尚書
　　　令、江陵尹、上柱國、南平王、食邑八千戶、食實封五百戶高季興，

〔註112〕周祖譔：《中國文學家大辭典・唐五代卷》，中華書局1992年版，第231～232頁。譚興國：《蜀中文章冠天下——巴蜀文學史稿》，四川人民出版社2001年版，第142頁。張興武：《五代藝文考》，巴蜀書社2003年版，第68頁。

〔註113〕《新五代史》卷69《南平世家》載：「判官孫光憲叱之曰……」第860頁。《宋史》卷483《荊南高氏世家》載為「節度判官孫光憲」，第13954頁。《續資治通鑒長編》卷4「太祖乾德元年二月」載：「刑政、賦役委節度判官孫光憲。」第84頁。即為其證。

〔註114〕《白蓮集》卷4、卷6，分見頁8-1、頁8-2。

〔註115〕《唐代文學叢考》，第405頁。

〔註116〕《唐代幕府制度研究》，第213頁。

〔註117〕戴偉華：《唐代幕府與文學》，現代出版社1990年版，第98頁。

〔註118〕《三楚新錄》卷3，第6327頁。

可贈太尉。從誨母趙國夫人朱氏，可贈吳國夫人。〔註119〕

上述製詞即提到「歸峽等州觀察處置等使」，此爲季興在世時曾兼觀察使一職的明證。儘管關於高從誨被授此職的記載迄今尚未發現，但根據唐代藩鎮慣例，觀察使是節度使所兼使職中最基本、最普遍的使銜，係掌督察州縣的地方一級行政長官。從誨沒有可能不兼此職。而且，其子高保融亦曾被授此職，如後漢初年，高保融繼位之初，曾被授「荊歸峽觀察使」〔註120〕；後周顯德元年（954）正月，仍兼荊歸峽觀察使。〔註121〕因此，高從誨在統治高氏荊南期間，以荊南節度使兼觀察使，應無疑問，之所以迄今未能發現有關這方面的記載，極有可能是史籍脫載所致，亦或因節度使兼觀察使已成慣例，無需明言。

結合上面所引進行判斷，則後唐長興二年（931）五月，孫光憲已經是荊歸峽觀察使之支使，而絕不是荊南節度支使。

又，《郡齋讀書志》卷18《別集類中》載：孫光憲「歷檢校秘書監、御史大夫」；《宋史》卷483《孫光憲傳》亦稱：「累官至檢校秘書監、御史大夫。」秘書監是檢校官，而御史大夫則是憲官，自唐代後期以來，已成幕職，皆謂其官銜而已，並非職事官。

關於光憲官職，仍有需要辨明者。孫光憲《白蓮集序》題爲「荊南節度副使、朝議郎、檢校秘書少監、賜紫金魚袋孫光憲撰」，末署「天福三年戊戌三月一日序」。〔註122〕《十國春秋》卷102《荊南三·孫光憲傳》載：光憲「累官荊南節度副使、朝議郎、檢校秘書少監、試御史中丞，賜紫金魚袋。」今人亦有據此記載，而稱光憲曾擔任荊南節度副使之職。〔註123〕實際上，高氏荊南節度副使一職，始終由高氏子弟擔任，未曾予人。孫光憲入宋前，擔任節度判官，當時此官權重，幾等副使。〔註124〕前面有關章節對此亦有所說明。有研究者指出，所謂「荊南節度副使」，若非「荊南節度支使」之誤寫，即有可能是後人爲擡高孫光憲身價所添。〔註125〕關於「荊南節度支使」之誤，已有論列；至於後一種猜測，倒是確有可能存在。

〔註119〕《冊府元龜》卷178《帝王部·姑息三》，第2143頁。
〔註120〕《宋史》卷483《荊南高氏世家》，第13952頁。
〔註121〕《冊府元龜》卷129《帝王部·封建》，第2143頁。
〔註122〕《全唐文》卷900，孫光憲：《白蓮集·序》，第9390～9391頁。
〔註123〕孫光憲：《北夢瑣言·前言》，上海古籍出版社點校本1981年版，第1頁。劉尊明：《唐五代詞史論稿》，第243頁。《中國文學家大辭典·唐五代卷》，第232頁。
〔註124〕參見《唐代文學史》中賀中復之判斷，第746頁。
〔註125〕《孫光憲與〈北夢瑣言〉研究》，第16頁。

三、効忠高氏五主

　　自後梁立國以來，「天下大亂，豪傑蜂起，方是時，以數州之地盜名字者，不可勝數」〔註126〕。高氏荊南地處洞庭以北、漢水以西，地域狹小，是南方九國中最小最弱的一國。其介於吳、南唐、楚、前後蜀和中朝之間，強鄰環伺，生存形勢極爲嚴峻，所謂「以三郡之地介乎強國之間，惴惴僅能自全」〔註127〕。在此彈丸之地，孫光憲依靠其敏銳的目光，務實的作風，高明的治國之術，贏得了高季興、高從誨等人的信賴。

　　孫光憲到荊南不久，便顯露出政治上的敏銳與成熟。後梁末帝乾化三年（913），高季興乘後梁衰弱之機，「造戰艦五百艘，治城壍，繕器械，爲攻守之具，招聚亡命，交通吳、蜀，朝廷浸不能制」〔註128〕。後唐明宗天成元年（926），高季興乘中原王朝易主之際，「大治戰艦，欲攻楚」，光憲諫曰：「荊南亂離之後，賴公休息士民，始有生意，若又與楚國交惡，他國乘吾之弊，良可憂也。」〔註129〕這一擴張企圖被孫光憲及時諫阻。據此可知，孫光憲目光敏銳，善於審時度勢，能從荊南的實際出發，注重休養生息，反對擴張戰爭，力圖保境安民，與四鄰和平相處。此舉充分顯示了孫光憲對現實的深刻洞察力。

　　高從誨即位之初，孫光憲又有勸諫之舉，史載：

> 楚王希範好奢靡，游談者共誇其盛。從誨謂僚佐曰：「如馬王可謂大丈夫矣。」孫光憲對曰：「天子諸侯，禮有等差。彼乳臭子驕侈僭忕，取快一時，不爲遠慮，危亡無日，又足慕乎！」從誨久而悟，曰：「公言是也。」他日，謂梁震曰：「吾自念平生奉養，固已過矣。」乃捐去玩好，以經史自娛，省刑薄賦，境內以安。〔註130〕

馬希範在位期間，大興土木，窮奢極欲，不計後果。高從誨本來就喜音樂，耽於享樂。〔註131〕故而對馬希範的大肆奢華之舉，高從誨多少仍有些豔羨。而在孫光憲看來，馬希範實爲目光短淺、狂妄自大之人。孫光憲已充分認識到，高氏荊南惟有擺正自身位置，順從以尊君爲核心內容的禮樂制度，切忌

〔註126〕〔宋〕蘇軾：《蘇軾文集》卷17《表忠觀碑》，中華書局點校本1986年版，第499頁。
〔註127〕《資治通鑑》卷274，後唐莊宗同光三年十一月，第8946頁。
〔註128〕《資治通鑑》卷268，後梁均王乾化三年九月，第8776～8777頁。
〔註129〕《資治通鑑》卷275，後唐明宗天成元年四月，第8980頁。
〔註130〕《資治通鑑》卷279，後唐潞王清泰二年十月，第9135頁。
〔註131〕《詩話總龜‧前集》卷22《宴遊門》，第239頁。

觸犯皇權、驕奢淫逸，方能自保，否則，即會遭到中原王朝無情的打壓和鄰國的入侵，以至亡國滅族。孫光憲察勢見微，居安思危，故勸高從誨克服奢侈腐化、妄自尊大的念頭。胡三省指出：「高從誨之羨馬希範，是侈心之萌芽也，而孫光憲力言之以防微；高從誨因光憲之言，捐玩好而樂經史，思所以阜民保境，是遷善也。」〔註132〕

光憲入幕不久，梁震即退隱，高從誨「自是悉以政事屬孫光憲」〔註133〕，孫光憲成為荊南高氏最受倚重的幕府僚佐之一。光憲才識超拔，治國有方，且忠直敢諫。在其輔佐高從誨的十幾年間，是高氏荊南發展過程中最為穩定安寧的時期。司馬光曾說：「孫光憲見微而能諫，高從誨聞善而能徙，梁震成功而能退，自古有國家者能如是，夫何亡國敗家喪身之有。」〔註134〕

高保融繼位之後，中原王朝發生巨變。後周太祖郭威推翻後漢政權，並與其後繼者世宗柴榮，施行了一系列改革，中原王朝內部漸趨穩定，國勢蒸蒸日上。史載：「帝常憤廣明以來中國日蹙，及高平既捷，慨然有削平天下之志。」〔註135〕趙宋政權的建立，則標誌著長期以來分裂割據局面的即將結束。中原王朝的日益強大，使其與南方割據諸國間長期以來的勢均力敵局面，開始呈現一邊倒的情形，中原政權逐漸佔據絕對優勢。在此形勢下，高氏荊南的國策亦隨之有所調整。史載：「世宗征淮，保融遣指揮使魏璘率兵三千，出夏口以為應。又遣客將劉扶奉牋南唐，勸其內附。李景稱臣，世宗得保融所與牋，大喜，賜以絹百匹。荊南自後唐以來，常數歲一貢京師，而中間兩絕。及世宗時，無歲不貢矣。保融以謂器械金帛，皆土地常產，不足以効誠節，乃遣其弟保紳來朝，世宗益嘉之。」「宋興，保融懼，一歲之間三入貢」〔註136〕。

在勤於貢奉的同時，高保融對於中原王朝，又有所防備。後周世宗顯德二年（955），高保融「於紀南城北決江水瀦之七里餘，謂之北海，以閡行者」〔註137〕。此舉的意圖當然在於防範中原王朝南下吞併荊南。保融在位期間，荊南政權仍能保持比較穩定的局面。

趙宋立國之後，統一的步伐明顯加快。《輿地紀勝》卷64《荊湖北路・江

〔註132〕《資治通鑑》卷279，後唐潞王清泰二年十月胡三省注，第9135頁。
〔註133〕《資治通鑑》卷279，後唐潞王清泰二年十月，第9135頁。
〔註134〕《資治通鑑》卷279，後唐潞王清泰二年十月「臣光曰」，第9135～9136頁。
〔註135〕《資治通鑑》卷293，後周世宗顯德二年三月，第9524頁。
〔註136〕《新五代史》卷69《南平世家》，第859～860頁。
〔註137〕《宋史》卷483《荊南高氏世家》，第13953頁。

陵府上・景物上・三海》注引《通略》建隆二年（961）云：「先是，荊南高保勗〔勗〕遣其弟節院使保寅歸貢，上因保寅歸，諭旨令決去城北所瀦水，使道路無阻。保寅還，語保勗〔勗〕曰：『眞主出世，天將混一區宇，兄宜首率諸國奉上歸朝，無爲它人取富貴資。』保勗〔勗〕不聽。既而上遣司天監趙修己使湖南，周行逢聞修己言上命荊南決北海，知朝廷將南征。」至此，宋廷麾師南下，平定高氏荊南，已是早晚之事。

在滅國危機日益逼近之際，繼保融而立的保勗不思進取，過著奢侈墮落、醉生夢死的生活。對於保勗的所作所爲，孫光憲深感痛心，並竭力諫阻。史載：「保勗性淫恣，日召市倡集府署，擇士卒之壯健者使相蹀狎，保勗與姬妾帷簾共觀笑之。又好營造臺榭，極土木之巧，軍民咸怨。記室孫光憲諫曰：『宋有天下，四方諸侯屈服面內，凡下詔書皆合仁義，此湯、武之君也。公宜克勤克儉，勿奢勿僭，上以奉朝廷，中以嗣祖宗，下以安百姓，若縱佚樂，非福也。』保勗不從。」〔註138〕

高繼沖繼立之後，仍能重用孫光憲、梁延嗣等大臣。《續資治通鑑長編》卷 4「太祖乾德元年二月」載：「高繼沖自以年幼，未知民事，刑政、賦役委節度判官孫光憲，軍旅、調度委衙內指揮使梁延嗣，謂曰：『使事事得中，人無間言，吾何憂也。』」

宋太祖乾德元年（963），武平節度使周行逢卒，其子周保權即位，部將張文表不服，率眾作亂，襲擊周保權所駐之潭州，周保權向宋王朝及高氏荊南求援。周保權的求援，對於太祖來說，實乃平定荊湖地區的天賜良機。太祖「召宰相范質等謂曰：『江陵四分五裂之國，今假道出師，因而下之，蔑不濟矣。』壬戌，李處耘辭，上遂以成算授之」〔註139〕。慕容延釗、李處耘等大將奉命假道荊南，率師「援救」。宋軍經過荊南時，設計促使高繼沖歸附。

宋軍壓境的嚴峻現實已然無法迴避。高繼沖弱冠繼任，幼稚單純，自以爲「吾家累歲奉朝廷，必無此事」，對太祖心存幻想。而閱歷豐富的孫光憲、梁延嗣等人對太祖的用心看得非常清楚。李景威不甘亡國，試圖先退宋軍，再收張文表獻朝廷。實際上，景威其勇可嘉，但其策未必可行。而在危急關頭，孫光憲能保持清醒頭腦，準確判斷形勢，及時制止李景威以兵力與趙宋抗衡的企圖，竭力促成高繼沖歸順朝廷，使荊南免於戰火，從而保全高氏家

〔註138〕《續資治通鑑長編》卷2，太祖建隆二年九月，第53～54頁。
〔註139〕《續資治通鑑長編》卷4，太祖乾德元年正月，第82頁。

族以及荊南百姓的利益，自己在有生之年也得以歸附大宋，爲中央王朝効力。
這一明智之舉，充分展示了他不凡的識見。路振《九國志》卷 12《北楚・李
景威傳》稱：「及王師入城，繼沖悔不用其言。」應該說，李景威忠勇可嘉，
其慘烈而死，令人痛惜。但如果景威的計劃得以實施，後果將不堪設想。

　　事實證明，孫光憲的識見遠在李景威之上。當統一已成爲不可抗拒的歷
史潮流，「荊南高氏父子事大以保其國」〔註140〕的國策失去賴以存在的客觀環
境時，納土歸順朝廷實乃唯一可行之選擇。《十國春秋》卷 101《荊南二・論
曰》指出：「眞人出，四海一，理勢之必然也。天水肇興，群雄漸削，即無伐
虢滅虞之謀，高氏其能常守此土乎？光憲知幾，所由與賣國以徼富貴者異矣。」
這一說法大體符合其時實際。孫光憲勸主納土之舉，既是基於儒家的君臣之
義，也是其天下歸一思想的具體實踐，與所謂賣主求榮者有著本質的不同。
荊南「地通吳蜀，是爲朝廷屏翰」〔註141〕。「南通五嶺，旁帶二江，東南接壤，
吳蜀交據，舟車四達」〔註142〕，地理位置十分重要。荊南的率先歸附，順應
了歷史的潮流，加快了趙宋王朝削平割據諸國、統一中國的步伐。對於孫光
憲這一順應時勢的明智行爲，後人不應苛責。

　　乾德元年（963）二月，孫光憲勸高繼沖歸附宋朝，「太祖聞之甚悅，授
光憲黃州刺史，賜賚加等」〔註143〕。孫光憲在黃州走過了人生最後的歷程。《宋
史》卷 483《孫光憲傳》云：「在郡亦有治聲。」《十國春秋》卷 102《荊南三・
孫光憲傳》亦稱：「在郡亦稱治。」《大清一統志》卷 264《黃州府》將孫光憲
列入名宦。

　　太祖乾德六年（968），孫光憲卒於黃州任上，享年約 73 歲。

　　孫光憲去世後，其家族、子嗣仍存。荊南歸宋後，「右都押衙孫仲文爲武
勝軍節度副使」〔註144〕。據考證，「仲文疑爲光憲弟，以字行。」〔註145〕光
憲有二子，一名謂，一名諱，均力學有成，「並進士及第」〔註146〕，時間應該
在宋初。

〔註140〕《資治通鑒》卷286，後漢高祖天福十二年正月胡三省，第9337頁。
〔註141〕《輿地紀勝》卷64《荊湖北路・江陵府上・風俗形勝》，第2198頁。
〔註142〕《輿地紀勝》卷64《荊湖北路・江陵府上・風俗形勝》引《高武信王神道碑》，
　　　　第2199頁。
〔註143〕《宋史》卷483《荊南高氏世家》，第13956頁。
〔註144〕《宋史》卷483《荊南高氏世家》，第13954頁。
〔註145〕《唐代文學叢考》，第403頁。
〔註146〕《宋史》卷483《荊南高氏世家》，第13956頁。

　　傳世文獻中，還屢屢見到太祖欲任用孫光憲爲學士的記載。如《直齋書錄解題》卷 11《小說家類》曰：「有薦於太祖者，將用爲學士，未及而卒。」《宋史》卷 483《孫光憲傳》亦言：「時宰相有薦光憲爲學士者，未及召，會卒。」據《宋史》201《宰輔表》載，自太祖乾德二年（964）正月至開寶六年（973）九月，一直爲趙普獨相。乾德五年（967）十二月，「趙普丁母憂，丙子起復」。開寶三年（970）三月，「右僕射趙普落起復，加特進」。開寶三年（970），孫光憲辭世已有兩年，趙普薦孫光憲顯然不會在此時。因此，趙普薦孫光憲爲學士當在其「丁憂」之前，也即乾德五年（967）十二月之前，而孫光憲恰在此後不久辭世。

　　關於這種說法的眞實性，已有學者提出質疑，因爲孫光憲歸附宋朝長達數年之久，且治郡政績斐然，太祖完全可以盡早予以重用，事實卻是孫光憲長期被棄置於黃州。〔註 147〕而才華橫溢、治理地方得法的孫光憲之所以未被宋廷提拔，關鍵恐怕還是在於其「降臣」身份。宋朝承五代之弊，太祖開國之後，有意重樹忠節觀念，著力提倡名節，其首要措施就是褒揚爲國輸誠、爲主盡節、死事一主的忠臣。史載：「士大夫忠義之氣，至於五季，變化殆盡。宋之初興，范質、王溥，猶有餘憾，況其他哉！藝祖首褒韓通，次表衛融，足示意嚮。」〔註 148〕這種開一代風氣之先的舉措，在對待高氏荊南的舊臣中也有施行。如曾獻策抵抗宋軍，後因其謀不被採納，終扤吭而死的李景威，即被太祖稱爲「忠臣」，而且，太祖還「命王仁贍厚邺其家」〔註 149〕。對比而言，在荊南德高望重的孫光憲，才識、聲望雖然的確無人可及，但其畢竟是力主荊南歸附宋朝的主要人物，僅此一點，單純從「忠」的角度加以衡量，顯然名節有虧，無法與李景威媲美。儘管爲服務於統一天下、安邦定國的大局，太祖確實需要重用孫光憲之類的人才，可是孫光憲「僞臣」的身份性標識，明顯與新朝重塑的「一心事主」理念格格不入。或許正是因爲此點，太祖本來就無意拔擢孫光憲，而在其身逝之後放出重用的話頭，也不過是擺擺姿態而已，多少有些安撫人才的意味。當然，此類說法也隱晦地折射出宋人對博學才高、無以施爲的孫光憲的同情心理。至於宋太祖對孫光憲歸附之初的稱讚與褒獎，則完全是出於平定諸國、減少統一阻力的目的，所採取的拉攏人心的行爲，與是否重用孫光憲並無必然聯繫。

〔註 147〕《孫光憲與〈北夢瑣言〉研究》，第 25 頁。
〔註 148〕《宋史》卷 446《忠義傳·序》，第 13149 頁。
〔註 149〕《續資治通鑒長編》卷 4，太祖乾德元年二月，第 86 頁。

綜觀以上，孫光憲在荊南度過了人生大部分歲月，作爲自蜀地遠徙而至的一介貧寒士子，能受高氏四世五主重視，建功立業，誠然有幸。惟其如此，其對高氏知遇之恩，常常心存感激，《北夢瑣言》中，對高季興、高從誨等人事跡均有記載，且不乏讚美之辭，即是這種感恩之心的自然流露。然而，孫光憲又何其不幸？其博通經史，文采出眾，有強烈的立言志向，有志於修撰史書，卻遭逢亂世，壯志消磨，抱負難展，故而，其內心屢屢充溢難以排遣的失落感。史載：

> （孫光憲）自負文學，常怏怏，如不得志。又嘗慕史氏之作，
> 自恨諸侯幕府不足展其才力，每謂交親曰：「安知獲麟之筆，反爲倚
> 馬之用。」因吟劉禹錫詩曰：「一生不得文章力，百口空爲飽煖家。」
> 〔註150〕

可見，儘管高氏厚遇無比，仍難以平息孫光憲內心深處的苦痛與無奈。而這種悲哀與不幸，究其原因當在於五代十國時期的動亂不已。難能可貴的是，在高氏荊南國勢大不如前，危機日益嚴重，其良苦用心又不爲高保勗理解之時，孫光憲仍能盡力施展才能，其對高氏政權的忠心耿耿，殫精竭慮，可謂善始善終。

《十國春秋》卷 102《荊南三·孫光憲傳》論曰：「南平起家僕隸，而能折節下賢。震以謀略進，光憲以文章顯，卒之保有荊土，善始善終。區區一隅，歷世五主，夫亦得士力哉！」荊南割據政權能夠延續半個多世紀，與高季興、高從誨等統治者屬精圖治，梁震、孫光憲等文臣武將鼎立支撐有極大關係。同時，中原王朝無暇也無力南顧，其他割據政權多奉行保境安民的政策，也是荊南政權得以奇跡般存在達半個多世紀的重要原因。而當後周世宗柴榮以及宋太祖趙匡胤等英主雄踞中原，加快統一步伐之時，作爲諸國中最弱一國的高氏已逐漸喪失了生存的空間與機會。

孫光憲身處唐末、五代至宋初這一從分裂走向統一的過渡時代，主要的政治作爲貫穿高氏荊南興衰成敗的全程，其間所展示的卓爾不群的識見、理性務實的作風，深爲後世史家所褒譽。關於其生平履歷及評價，清人姚德椿曾賦詩一首，予以總結，無妨移錄如下：

> 五季紛紛相僭竊，日習戰爭民命絕。天心厭亂主有眞，書生見
> 機貴明決。偉哉孫公生不辰，博學多智非常人。少遊荊南相契合，

〔註150〕《三楚新錄》卷3，第6328～6329頁。

高氏辟爲入幕賓。是時宋存混一志，公勸繼沖降弗貳。規模宏遠受
於天，豪傑當思擇主事。不用干戈率土歸，世儒亦或議其非。那知
順逆存乎勢，此事烏容昧厥機。兵加而悔必無及，智者燭事在於微。
既隨入朝太祖喜，授公黃州之刺史。卒也人復薦其才，召爲學士公
已死。聚書千卷無一存，我之懷矣葆光子。〔註151〕

第四節　李載仁等文人

　　高氏荊南境內的文人，除上述梁震、孫光憲之外，尚有李載仁等多人，
並有知名詩僧齊己，史籍中皆稍有涉及。現據有關記述，一併略述之如下。

一、李載仁與司空薰

李載仁

　　生卒年無考。《三楚新錄》卷 3 稱其爲「唐室之後」。《十國春秋》卷 103
《荊南四・李載仁傳》稱其爲「唐室之遠裔」。《北夢瑣言逸文》卷 3《薛韋輕
高氏》載：

　　　　李載仁，韋說之甥，除秘書郎。……爾後韋屢督李入京，高氏欲
　　津置之。載仁遷延，自以先德遺戒，不欲依舅氏，但不能顯言，竟不
　　離高氏門館。……明年，保勗（「保勗」係「從誨」之誤）嗣襲，辟
　　李爲掌記。他日，錄其長息爲子壻，第三子皆奏官，一門朱紫轟如也。

　　《三楚新錄》卷 3 載：

　　　　唐末避亂於江陵，季興署爲觀察推官。載仁自負文學，常感季
　　興見知，每從容接待，不爲少禮。然爲性迂緩，一日，將赴季興召。
　　方上馬，無何，部曲相毆，載仁怒，且命急於廚中取飯並豬肉，令
　　相毆者對飡之，仍令軍將戒之曰：「如敢再犯，必當以豬肉中加之以
　　酥。」聞者無不笑之。〔註152〕

　　李載仁舉止怪誕，尚不止此。《十國春秋》卷 103《荊南四・李載仁傳》
又載：

〔註151〕〔清〕姚令儀纂修，李元續纂修：《仁壽縣志》卷 4《宋人物》，嘉慶八年續
　　　　修刻本。
〔註152〕《十國春秋》卷 103《荊南四・李載仁傳》亦略載此事，第 1465 頁。

又與妻閤異室而處，一日閤忽叩閤至，載仁亟取百忌曆視之，大驚曰：「今夜河魁在房，那可就宿？」

載仁常爲光憲言，曾目睹梁相張策弟簽輕易道教，因脫褻服挂天尊臂上，戲云「爲我掌之」。俄頃，精神恍惚，似遭毆擊，痛叫狼狽，歸至別業而卒。

其言談舉止，多此類。尤其是其性情迂緩至極，故載仁「頗不厭眾心」〔註153〕。

在高氏荊南幕府中，載仁除任觀察推官、掌書記外，還領有郎中銜〔註154〕。據載：「及孫光憲掌書記，牋奏書檄皆出載仁右，載仁充位而已，由是與光憲有隙。」〔註155〕李載仁長期在高氏幕府擔任觀察推官，而孫光憲甫到荊南，便被高季昌辟爲掌書記，位在載仁之上。高從誨繼任後，載仁升爲掌書記，而此時高氏荊南的政事已由孫光憲掌管。因此，無論是從職務、威望，還是從文辭來看，孫光憲均在載仁之上，載仁不滿確有可能。

但在荊南一隅，李載仁確爲一名不可多得的才學之士，其與孫光憲交往頗多。《北夢瑣言》卷3《李氏瑞槐》，同書卷4《西嶽神觺張簽》、《北夢瑣言逸文》卷3《江㑂》等條所載逸事即從李載仁處聽來。

司空薰

生卒年無考，字表聖，司空圖之族子，河中虞鄉（今山西永濟縣附近）人〔註156〕。《十國春秋》卷102《荊南三》有傳。

高季昌佔據荊南時，司空薰居於幕府之列。《十國春秋》卷102《荊南三·司空薰傳》載：「薰與梁震、王保義等偕居幕府，遇事時多匡正。梁亡，唐莊宗入洛，下詔慰諭藩鎮，薰固勸武信王朝京師，用結唐主心，時梁震切諫不可，而武信王卒從薰言，幾不得脫歸。然唐舍江陵而竟先滅蜀者，亦薰一言力也。薰後事不見於史，未詳所終。」

〔註153〕《十國春秋》卷103《荊南四·李載仁傳》，第1465頁。

〔註154〕《北夢瑣言》卷4《西嶽神觺張簽》稱其爲「郎中」。第85頁。《十國春秋》卷103《荊南四·李載仁傳》載：「文獻王時，稍遷至郎中。」第1465頁。

〔註155〕《十國春秋》卷103《荊南四·李載仁傳》，第1465頁。

〔註156〕按，《舊唐書》卷190下《司空圖傳》載：「司空圖字表聖，本臨淮人。」第5082頁。《新唐書》卷194《司空圖傳》載：「司空圖字表聖，河中虞鄉人。」第5573頁。因司空圖父輿，曾於唐宣宗大中（847～859）年間，任河中安邑兩池榷鹽使，其家當徙居於此。故此處採《新唐書》之說。另，《十國春秋》卷102《荊南三·司空薰傳》稱「其先臨淮人」。第1460頁。

司空薰撰有《重修大仙廟記》一文。王象之《輿地碑記目》卷4《夔州碑記》「重修大仙廟記」注云：「唐寧江軍掌書記司空薰撰，同光四年建。」

據《北夢瑣言》卷7《梁震無祿》所載，司空薰早年曾參加科舉考試，後受到高季興重用。同書卷12《柳氏子襆頭腳許承志李思益附》又載，孫光憲、司空薰為「同院司空監」，可知兩人同處高氏幕中。

二、王貞範與王惠範

王貞範

生卒年無考。王保義之子，曾「事文獻王為推官，累官少監」〔註157〕。《十國春秋》103《荊南四》有傳。

王貞範精通音樂，《北夢瑣言逸文補遺》之《王氏女》載：

> 王蜀黔南節度使王保義，有女適荊南高從誨之子保節。未行前，暫寄羽服。性聰敏，善彈琵琶，因夢異人，頗授樂曲。所授之人，其形或道或俗，其衣或紫或黃。有一夕而傳數曲，有一聽而便記者。其聲清越，與常異，類於仙家《紫雲》之亞也。乃曰：「此曲譜請元昆製序，刊石於甲寅之方。」其兄即荊南推官王少監貞範也，為製序刊石。

《十國春秋》卷103《荊南四·王貞範傳》載之甚詳：

> 女弟故所稱荊南仙女者，恒時夢異人授琵琶樂曲二百餘調，命曰：「此曲譜屬元昆製序，當刊石於甲寅之方。」於是貞範如女弟指為製序，刊所傳曲，有：《道調玉宸宮》、《夷則宮》、《神林宮》、《蕤賓宮》、《無射宮》、《元宗宮》、《黃鍾宮》、《散水宮》、《仲呂宮》、《商調獨指泛清商》、《紅綃商》、《風商》、《林鍾商》、《醉吟商》、《玉仙商》、《高雙調商》、《角調醉喒角商》、《大呂角》、《南宮角》、《中宮角》、《蕤賓角》、《羽調鳳吟羽》、《風香羽》、《應聖羽》、《玉宸羽》、《香調》、《大呂調》。而曲名間有同人世間，如《涼州》、《渭州》、《甘州》、《綠腰》、《莫鞊》、《傾盆樂》、《安公子》、《水牯子》、《阿泛濫》之屬。摹本流傳，一時咸詫以為異。

王貞範興趣廣泛，博學多識，與孫光憲志同道合，互相推崇。史載：

> 葆光子同寮王公貞範，精於《春秋》，有駁正元凱之謬，條緒甚

〔註157〕《十國春秋》卷103《荊南四·王貞範傳》，第1466頁。

多，人咸訝之，獨鄙夫嘗以陳、陸、啖、趙之論竊然之。非苟合也，唯義所在。〔註158〕

王貞範治《春秋》深受唐代《春秋》學派的影響，具有捨傳求經的學術傾向，不同於杜預的經傳合一。這種爲學趣向恰與孫光憲相合，故「葆光子」「竊然之」。

《直齋書錄解題》卷15《總集類》云：「《洞天集》五卷。漢王貞範集道家、神仙、隱逸詩篇。漢乾祐中也。」鄭樵《通志》卷70《藝文略第八·詩總集》著錄其《續正聲集》五卷。胡震亨《唐音癸籤》卷31《集錄二》「《續正聲集》」注云：「後唐王貞範編，五卷。」此書被列爲「五代人選唐詩」之一。

又《寶刻類編》卷7《名臣十八》「荊南荊度贈太師楚王高季興碑」注云：「孫光憲撰，貞元行書，貞範篆額，顯德二年九月立，江陵。」《輿地紀勝》卷65《荊湖北路·江陵府下·碑記》「南平高王廟碑」注云：「周顯德二年，孫光憲撰，今在城西三王廟前。」

王惠範

生卒年無考。亦王保義之子。《十國春秋》卷103《荊南四》有傳。

惠范愛好讀書，無意世事。史載：其善修飾，喜讀書，以門蔭爲文學，曾任幕府觀察推官。文獻王妻以女，且以惠範本將家子，命掌幕中內外軍政。「惠範豪邁不羈，頗以簿書符牒爲俗務，入告王辭之。自是以王爲不知己，凡軍府大事皆不參預，但以金帛購古書圖畫，日披玩爲志焉」〔註159〕。

三、嚴光楚、高若拙與康張

嚴光楚

生卒年無考。史載不多，惟有記載二則，移錄如下：

> 荊南節度使高保融有疾，幕吏孫光憲夢在渚宮池與同僚偶座，而保融在西廳獨處，唯姬妾侍焉。俄而高公弟保勖見召上橋，授以筆研，令光憲指撝發軍，仍遣廳頭二三子障蔽光憲，不欲保融遙見。遂巡有具橐鞬將校，列行俟命。次見掌節吏嚴光楚鞠而前趨，手捧

〔註158〕《北夢瑣言》卷1《駁杜預》，第23頁。《十國春秋》卷103《荊南四·王貞範傳》所載與此同。第1466頁。

〔註159〕《十國春秋》卷103《荊南四·王惠範傳》，第1467頁。《三楚新錄》卷3亦載。第6328頁。

兩黑物，其一則如黑漆鞾而光，其一即尋常鞾也。謂光憲曰：「某曾
失墨兩挺，蒙王黜責，今果尋獲也。」良久夢覺。翌日，說于同僚。
踰月而保融卒，節院將嚴光楚具帖子取處分倒節，光憲請行軍司馬
王甲判之。墨者陰黑之物，節而且黑，近於凶象，即向之所夢倒雙
節之謂也。〔註160〕

　　進士鄭起謁荊州節度高從誨，館於空宅。其夕，夢一人告訴曰：
「孔目官嚴光楚無禮。」意甚不平。比夕又夢。起異其事，召嚴而
說之。嚴命巫祝祈謝，靡所不至，莫知其由。明年，鄭生隨計，嚴
光楚愛其宅有少竹莖，多方而致之。才遷居，不日以罪笞而停職，
竟不知其故。〔註161〕

據上述記載可知，嚴光楚在高氏荊南政權中，曾經擔任節院將、孔目官
等職。

高若拙

生卒年無考。事亦甚簡，茲錄其有關其記載一則如下：

　　高若拙善詩，從誨辟於幕下，嘗作《中秋不見月》云：「人間雖
不見，天外自分明。」從誨覽之，謂賓佐曰：「此詩雖好，不利於己，
將來但恐喪明。」後果如其言。〔註162〕

入宋後，高若拙被任為荊南觀察判官。〔註163〕

康張

生卒年無考。《十國春秋》卷103《荊南四》有傳。
關於康張的記載僅有一則，錄之如下：

　　康張，事文獻王為硤州長陽令。有良吏才，一邑稱治。與少監
孫光憲時相往還云。〔註164〕

四、僧齊己

齊己（864～937），晚唐五代著名詩僧。關於其籍貫、姓氏，孫光憲《白

〔註160〕《北夢瑣言逸文》卷3《孫光憲異夢》，見《北夢瑣言》，第413頁。
〔註161〕《北夢瑣言逸文》卷3《鄭起空宅夢異》，見《北夢瑣言》，第415頁。
〔註162〕《詩話總龜‧前集》卷32《詩讖門下》，第338頁。
〔註163〕《宋史》卷483《荊南高氏世家》，第13954頁。
〔註164〕《十國春秋》卷103《荊南四‧康張傳》，第1467頁。

蓮集序》謂「本胡氏子，實長沙人」〔註165〕。《五代史補》卷 3《僧齊己》、《唐才子傳》卷 9《齊己》等以其爲長沙人。另《宋高僧傳》卷 30《齊己傳》、《十國春秋》卷 103《荊南四·僧齊己》則稱其爲益陽（今湖南益陽市）人，與前說有異，今已有學者指證其誤〔註166〕。《唐詩紀事》卷 75《僧齊己》曰：「齊己本姓胡，名得生。」與孫光憲所記相一致。齊己因籍貫而「自號衡嶽沙門」〔註167〕。齊己撰有《風騷旨格》1 卷，另《白蓮集》係其卒後，孫光憲採取生平所作詩 800 餘首，編次爲 10 卷，流傳於世。《宋高僧傳》卷 30 與《十國春秋》卷 103《荊南四》有傳。

後梁末帝龍德元年（921），齊己在赴前蜀途中，被荊南荊度使高季昌遮留。「龍德元年（921）辛巳中禮己於龍興寺淨院安置，給其月俸，命作僧正，非所好也。」〔註168〕齊己自此寓居荊南，「惟事筆墨自娛」〔註169〕，與梁震、孫光憲等人過從甚密。孫光憲更被其引爲「詩朋」，兩人惺惺相惜，互爲推舉，友情深厚，交往達十餘年。《白蓮集》所錄詩中，與孫光憲相關者亦有存留。如卷 6《孫支使來借詩集因有謝》：「冥搜從少小，隨分得淳元。聞說吟僧口，多傳過蜀門。相尋江島上，共看夏雲根。坐落遲遲日，新題互把論。」同卷又有《因覽支使孫中丞看可準大師詩序有寄》：「一千篇里選，三百首菁英。玉尺新量出，金刀舊翦成。錦江增古翠，仙掌減元精。自此爲風格，留傳諸後生。」卷 9《中秋夕愴懷寄荊幕孫郎中》：「白蓮香散沼痕乾，綠筱陰濃蘚地寒。年老寄居思隱切，夜涼留客話時難。行僧盡去雲山遠，賓雁同來澤國寬。時謝孔璋操檄外，每將空病問衰殘。」對此，孫光憲是否唱和，因無詩作可證，已不可得知。

齊己熱衷詩歌創作，終生困於「詩魔」。吟詠之餘，尤爲屬意於創作理論的闡發，除《風騷旨格》專門論及於此之外，《白蓮集》中與此相關詩作竟達 292 首之多。在詩歌創作上，齊己崇尚「清」、「苦」，追求「騷」、「雅」〔註170〕。對於齊己生平、創作及《白蓮集》的編撰等情況，孫光憲在《白

〔註165〕《白蓮集·序》，四部叢刊初編本，頁 1-1～2-1。

〔註166〕傅璇琮主編：《唐才子傳校箋》卷 9《齊己》，中華書局 1990 年版，第 173～174 頁。

〔註167〕《宋高僧傳》卷 30《齊己傳》，第 752 頁。

〔註168〕《宋高僧傳》卷 30《齊己傳》，第 752～753 頁。

〔註169〕《十國春秋》卷 103《荊南四·僧齊己傳》，第 1471 頁。

〔註170〕參見鄧躍新、劉杍：《齊己〈白蓮集〉與中晚唐詩禪境界》，《湖南科技大學學報》2004 年第 3 期。

蓮集序》中有詳細說明：

> 風雅之道，孔聖之刪備矣；美刺之說，卜商之序明矣。降自屈宋，逮乎齊梁，窮詩源流，權衡辭義，曲盡商榷，則成格言，其惟劉氏之《文心》乎！後之品評，不復過此。有唐御宇，詩律尤精，列姓字，掇英秀，不啻十數家。惟丹陽殷璠，優劣陞黜，咸當其分。世之深於詩者，謂其不誣。顧我何人，敢議臧否？苟成美有闕，得非交遊之罪邪？

> 禪師齊己，本胡氏子，實長沙人，家邇潙慕大禪伯，入頓門落髮，擁毳遊方，宴坐宿念，未忘存（闕三字）〔註171〕。師趣尚孤潔，詞韻清潤，平淡而意遠，冷峭而（闕十三字）〔註172〕。鄭轂郎中與師（闕六字）。「敲門誰訪（闕二字）客即（闕一字）師，應是逢新雪，高吟得好詩。格清無俗字，思苦有蒼髭。諷味都忘倦，拋琴復捨棋。」其為詩家者流之稱許也如此。

> 晚歲將之岷峨，假途渚宮，太師南平王築淨室以居之，捨淨財以供之。雖出入朱門，而不移素履。議者以唐來詩僧，惟貫休禪師骨氣渾成，境意卓異，殆難儔敵。至於皎然、靈一，將與禪者並驅於風騷之途，不近不遠也。江之南，漢之北，緇侶業緣情者，靡不希其聲彩。自非雅道昭著，安得享茲大名？鄙以旅宦荊臺，最承款狎。較風人之情致，躋大士之旨歸，周旋十年，互見閫域。師平生詩稿，未遑刪汰。俄驚遷化，門人西文併以所集見授，因得編就八百一十篇，勒成一十卷，題曰《白蓮集》。蓋以久棲東林，不忘勝事。餘既繕寫，歸於廬嶽附遠大師文帙之末（闕五字），遞為輝光。其佳句、全篇或偶對，開卷輒得，無煩指謫。濡毫梗概，良深悲慕。天福三年戊戌三月一日序。〔註173〕

據此不難獲悉，齊己之詩風在唐末五代詩壇上的影響及地位。作為與其「最承款洽」的詩友，孫光憲的創作主張大致有與齊己相近的一面。並且，作為唐末五代存詩數量最多的齊己之詩集，之所以得以傳流後世，與荊南文

〔註171〕　〔清〕王士禎原編、鄭方坤刪補：《五代詩話》卷 8《齊己》，此三字作「乎篇詠」。人民文學出版社點校本 1989 年版，第 328 頁。

〔註172〕　《五代詩話》卷 8《齊己》，僅作「冷峭而格高」五字。第 328 頁。

〔註173〕　《全唐文》卷 900，孫光憲：《白蓮集·序》，第 9390～9391 頁。

士翹楚孫光憲的整理、編輯之功，密不可分。

　　綜合前述，儘管高氏荊南地域狹小，但因高氏統治者皆能重用文人，故而仍有不少文人投身到該政權中，並成為高氏荊南幕職中的主體構成部分。這些人或利用其政治智慧和才能輔佐高氏諸主，或以文學知名，各擅其長，形成高氏荊南政權內部的一個獨特群體。

結　語

　　作爲南方九國中地域最爲狹小的割據政權，處於四戰之地的高氏荊南，能在干戈不息的五代十國時期存在半個世紀之久，其本身就是一個令人值得關注的現象。不容否認的是，五代王朝的更替頻仍與中原政局的連年板蕩，以及南方諸國所推行的保境安民政策，確實爲高氏荊南立足一方提供了有利的外部環境。但是，僅將此點無限放大爲該政權保有其地的惟一原因，或許有失偏頗。實際上，閩、楚兩國所處的外在環境，較之高氏荊南明顯更加安全，並不像高氏荊南介於中朝、吳（南唐）與前後蜀之間，三面均爲勢力強大的政治、軍事實體，但兩國均先於高氏荊南而相繼敗亡，而其滅亡的原因則有相通之處，即諸子相爭、禍起蕭牆，且由此而引來削弱他方以自肥的鄰邦勢力的入侵，閩、楚的先後覆滅概緣於此，而與外在環境關聯甚小。由此可知，外部環境固然重要，但一個政權若無合適的戰守之法、治理之道，被相鄰勢力吞併注定只會是時間早晚的問題。在高氏荊南之前，成汭鎮荊南而遭滅頂，也是極好的例證，無需再舉。因此，高氏荊南能自後梁開國而延續至宋初，其實也與荊南高氏統治者所採取的各項舉措，有著密不可分的聯繫。
　　之所以在本文行將結束之際，再度贅述以上數語，意在引發人們對高氏荊南歷史地位的客觀評判。結合文中所述，可知高氏荊南的歷史並非一無是處，諸如政治體制的雙軌制設計、外交中事大政策與睦鄰政策的有機結合，以及充分利用本地良好的交通條件推行重商政策等等，其實均是高氏荊南立足客觀現實條件而採取的明智之舉。其間所透射出的政治智慧和發展經濟的思路，應站在歷史的高度給予其準確定位和評價。筆者認爲，目前至少可以做出如下判斷，高氏統治荊南期間所採取的上述舉措，不僅並未使本地再度

陷入戰事無休的狀態之中，以至延緩本地區經濟發展的進程，相反卻在一定程度上，有效避免了戰火對本地的沖刷，從而促進了本地經濟的大幅提升，並一度達到令人矚目的高度。這種客觀效果不容抹殺，在本地區域經濟發展的進程中自有其一席之地。至於，這種良好的發展態勢，爲何未能對其後本地經濟的發展產生積極影響，關鍵在於高氏荊南入宋後，一直至宋太祖開寶八年（975）南唐滅亡，荊南地區始終是宋朝平定後蜀、南漢、南唐的軍事基地，因受供應戰爭的拖累，本地經濟發展自然難見起色。其後，經濟的發展才逐步轉入正軌。當然，這些已明顯超出本題所應討論的範圍，無須一一具論。

參考文獻

一、古籍書目

1. 〔南朝〕沈約：《宋書》，中華書局點校本 1974 年版。
2. 〔唐〕魏徵：《隋書》，中華書局點校本 1973 年版。
3. 〔唐〕杜佑：《通典》，中華書局點校本 1988 年版。
4. 〔唐〕李吉甫：《元和郡縣圖志》，中華書局點校本 1983 年版。
5. 〔唐〕陸羽：《茶經》，中華書局點校本 1991 年版。
6. 〔唐〕楊曄：《膳夫經手錄》，景印續修四庫全書本（第 1115 冊），上海古籍出版社 2003 年版。
7. 〔唐〕元稹：《元稹集》，中華書局點校本 1972 年版。
8. 〔唐〕段成式：《酉陽雜俎》，四部叢刊初編本，上海商務印書館影印本 1926 年版。
9. 〔後晉〕劉昫：《舊唐書》，中華書局點校本 1975 年版。
10. 〔五代〕孫光憲：《北夢瑣言》，上海古籍出版社點校本 1981 年版。
11. 〔五代〕孫光憲：《北夢瑣言》，中華書局點校本 2002 年版。
12. 〔五代〕何光遠：《鑒誡錄》，五代史書彙編本（第 10 冊），杭州出版社點校本 2004 年版。
13. 〔五代〕齊己：《白蓮集》，四部叢刊初編本，上海商務印書館影印本 1926 年版。
14. 〔五代〕王定保：《唐摭言》，唐五代筆記小說大觀本，上海古籍出版社點校本 2000 年版。
15. 〔後蜀〕張唐英撰，王文才等校箋：《蜀檮杌校箋》，巴蜀書社 1999 年版。
16. 〔宋〕王溥：《唐會要》，中華書局排印本 1955 年版。
17. 〔宋〕王溥：《五代會要》，上海古籍出版社點校本 1978 年版。

18. 〔宋〕陶穀：《清異錄》，叢書集成初編本，中華書局影印本 1991 年版。

19. 〔宋〕薛居正：《舊五代史》，中華書局點校本 1976 年版。

20. 〔宋〕歐陽修、宋祁：《新唐書》，中華書局點校本 1975 年版。

21. 〔宋〕歐陽修：《新五代史》，中華書局點校本 1974 年版。

22. 〔宋〕歐陽修：《歐陽修全集》，中國書店斷句本 1986 年版。

23. 〔宋〕司馬光：《資治通鑒》，中華書局點校本 1956 年版。

24. 〔宋〕王欽若：《冊府元龜》，中華書局影印本 1960 年版。

25. 〔宋〕佚名：《宋大詔令集》，中華書局排印本 1962 年版。

26. 〔宋〕李昉：《太平廣記》，中華書局斷句本 1961 年版。

27. 〔宋〕李燾：《續資治通鑒長編》，中華書局點校本 2004 年版。

28. 〔宋〕陶岳：《五代史補》，五代史書彙編本（第 5 冊），杭州出版社點校本 2004 年版。

29. 〔宋〕路振：《九國志》，五代史書彙編本（第 6 冊），杭州出版社點校本 2004 年版。

30. 〔宋〕史溫：《釣磯立談》，五代史書彙編本（第 9 冊），杭州出版社點校本 2004 年版。

31. 〔宋〕句延慶：《錦里耆舊傳》，五代史書彙編本（第 10 冊），杭州出版社點校本 2004 年版。

32. 〔宋〕馬令：《南唐書》，五代史書彙編本（第 9 冊），杭州出版社點校本 2004 年版。

33. 〔宋〕郭允蹈：《蜀鑒》，巴蜀書社影印本 1985 年版。

34. 〔宋〕錢儼：《吳越備史》，五代史書彙編本（第 10 冊），杭州出版社點校本 2004 年版。

35. 〔宋〕周羽翀：《三楚新錄》，五代史書彙編本（第 10 冊），杭州出版社點校本 2004 年版。

36. 〔宋〕鄭獬：《郎溪集》，景印文淵閣四庫全書本（第 1097 冊），上海古籍出版社 1987 年版。

37. 〔宋〕蘇軾：《蘇軾詩集》，中華書局點校本 1982 年版。

38. 〔宋〕蘇軾：《蘇軾文集》，中華書局點校本 1986 年版。

39. 〔宋〕司馬光：《涑水記聞》，中華書局點校本 1989 年版。

40. 〔宋〕王稱：《東都事略》，臺北文海出版社影印本 1967 年版。

41. 〔宋〕贊寧：《宋高僧傳》，中華書局點校本 1987 年版。

42. 〔宋〕陸游：《南唐書》，五代史書彙編本（第 9 冊），杭州出版社點校本 2004 年版。

43. 〔宋〕陸游：《老學庵筆記》，中華書局點校本 1979 年版。

44. 〔宋〕陸游著，蔣芳校注：《入蜀記校注》，湖北人民出版社 2004 年版。

45. 〔宋〕范成大：《吳船錄》，景印文淵閣四庫全書本（第 460 冊），上海古籍出版社 1987 年版。

46. 〔宋〕李石：《續博物志》，景印文淵閣四庫全書本（第 1047 冊），上海古籍出版社 1987 年版。

47. 〔宋〕洪邁：《容齋隨筆》，中華書局點校本 2005 年版。

48. 〔宋〕錢易：《南部新書》，中華書局點校本 2002 年版。

49. 〔宋〕樓鑰：《攻媿集》，四部叢刊初編本，上海商務印書館影印本 1926 年版。

50. 〔宋〕佚名：《愛日齋叢鈔》，宋代筆記小說本，河北教育出版社影印本 1995 年版。

51. 〔宋〕周密：《齊東野語》，中華書局點校本 1983 年版。

52. 〔宋〕潘自牧：《記纂淵海》，景印文淵閣四庫全書本（第 930～932 冊），上海古籍出版社 1987 年版。

53. 〔宋〕佚名：《寶刻類編》，叢書集成初編本，中華書局影印本 1985 年版。

54. 〔宋〕朱長文：《吳郡圖經續記》，江蘇古籍出版社點校本 1999 年版。

55. 〔宋〕王存：《元豐九域志》，中華書局點校本 1984 年版。

56. 〔宋〕沈作賓修，施宿等纂：《嘉泰會稽志》，宋元方志叢刊本（第 7 冊），中華書局影印本 1990 年版。

57. 〔宋〕王象之：《輿地紀勝》，中華書局影印本 1992 年版。

58. 〔宋〕王象之：《輿地紀勝》，臺北文海出版社影印本 1971 年版。

59. 〔宋〕歐陽忞：《輿地廣記》，中華書局點校本 2003 年版。

60. 〔宋〕樂史：《太平寰宇記》，臺北文海出版社影印本 1971 年版。

61. 〔宋〕祝穆：《方輿勝覽》，中華書局點校本 2003 年版。

62. 〔宋〕阮閱：《詩話總龜》，人民文學出版社點校本 1987 年版。

63. 〔宋〕晁公武著，孫猛校證：《郡齋讀書志校證》，上海古籍出版社 1990 年版。

64. 〔宋〕陳振孫：《直齋書錄解題》，上海古籍出版社點校本 1987 年版。

65. 〔宋〕王應麟：《通鑒地理通釋》，景印文淵閣四庫全書本（第 312 冊），上海古籍出版社 1987 年版。

66. 〔金〕成無已注：《傷寒論注釋》，景印文淵閣四庫全書本（第 734 冊），上海古籍出版社 1987 年版。

67. 〔元〕脫脫等：《宋史》，中華書局點校本 1985 年版。

68. 〔元〕馬端臨：《文獻通考》，中華書局影印本 1986 年版。

69. 〔明〕曹學佺：《蜀中廣記》，上海古籍出版社影印本 1995 年版。

70. 〔明〕李賢等：《明一統志》，景印文淵閣四庫全書本（第 472～473 冊），上海古籍出版社 1987 年版。

71. 〔明〕薛剛纂，吳廷舉續修：《嘉靖湖廣圖經志書》，書目文獻出版社影印本 1991 年版。

72. 〔明〕曾儲修，童承敘纂：《嘉靖沔陽志》，民國十五年沔陽盧氏慎始基齋校刻。

73. 〔明〕鄭天佐、李徵纂：《萬曆承天府志》，書目文獻出版社影印本 1991 年版。

74. 〔明〕徐學謨纂修：《萬曆湖廣總志》，萬曆刻本影印。

75. 〔清〕王夫之：《讀通鑒論》，中華書局點校本 1975 年版。

76. 〔清〕顧炎武：《天下郡國利病書》，四部叢刊三編本，上海商務印書館影印本 1935 年版。

77. 〔清〕顧祖禹：《讀史方輿紀要》，中華書局點校本 2005 年版。

78. 〔清〕徐松輯：《宋會要輯稿》，中華書局影印本 1957 年版。

79. 〔清〕徐松：《登科記考》，中華書局點校本 1984 年版。

80. 〔清〕陳夢雷編纂，蔣錫廷校訂：《古今圖書集成》，中華書局、巴蜀書社影印本。

81. 〔清〕吳任臣：《十國春秋》，中華書局點校本 1983 年版。

82. 〔清〕孔自來纂：《順治江陵志餘》，清順治七年刻本。

83. 〔清〕劉煥修，朱載震纂：《康熙潛江縣志》，清光緒五年傳經書院刻本。

84. 〔清〕張尊德修，王吉人等纂：《康熙安陸府志》，清康熙八年刻本影印。

85. 〔清〕邁桂修，夏力恕纂：《雍正湖廣通志》，景印文淵閣四庫全書本（第 531 冊），上海古籍出版社 1987 年版。

86. 〔清〕潘錫恩、穆彰阿等纂修：《大清一統志》，景印續修四庫全書本（第 613～624 冊），上海古籍出版社 2003 年版。

87. 〔清〕穆彰阿等纂修：《嘉慶重修一統志》，中華書局影印本 1986 年版。

88. 〔清〕姚令儀纂修，李元續纂修：《仁壽縣志》，嘉慶八年續修刻本。

89. 〔清〕恩榮修：《同治荊門直隸州志》，江蘇古籍出版社影印本 2001 年版。

90. 〔清〕王士禛編，鄭方坤刪補：《五代詩話》，人民文學出版社點校本 1989 年版。

91. 〔清〕吳廷燮：《唐方鎮年表》，中華書局點校本 1980 年版。

92. 〔清〕邵晉涵：《舊五代史考異》，五代史書彙編本（第 1 冊），杭州出版社點校本 2004 年版。

93. 〔清〕董誥：《全唐文》，上海古籍出版社影印本 1983 年版。

94. 〔清〕彭定求等編：《全唐詩》，中華書局點校本 1960 年版。

95. 〔清〕趙翼著，王樹民校證：《廿二史札記校證》，中華書局 1984 年版。

96. 〔清〕王昶：《金石萃編》，中國書店影印本 1985 年版。

97. 〔清〕何焯：《義門讀書記》，景印文淵閣四庫全書本（第 860 冊），上海古籍出版社 1987 年版。

98. 〔民國〕錢文選輯：《錢氏家乘》，上海書店影印本 1986 年版。

99. 陳尚君輯校：《舊五代史新輯會證》，復旦大學出版社 2005 年版。

二、今人著作目錄

1. 韓國磐：《柴榮》，上海人民出版社 1956 年版。

2. 中國歷史地圖集編輯組：《中國歷史地圖集（第五冊）》，中華地圖學社 1975 年版。

3. 胡如雷：《中國封建社會形態研究》，三聯書店 1979 年版。

4. 馬繼興：《中醫文獻學基礎》，中醫研究院中國醫史文獻出版社 1982 年版。

5. 沈起煒：《五代史話》，中國青年出版社 1983 年版。

6. 姜方錟：《蜀詞人評傳》，成都古籍書店 1984 年版。

7. 陶懋炳：《五代史略》，人民出版社 1985 年版。

8. 卞孝萱、鄭學檬：《五代史話》，北京出版社 1985 年版。

9. 楊偉立：《前蜀後蜀史》，四川社會科學出版社 1986 年版。

10. 蒲孝榮：《四川政區沿革與治地今釋》，四川人民出版社 1986 年版。

11. 郁賢皓：《唐刺史考》，江蘇古籍出版社 1987 年版。

12. 張國剛：《唐代官制》，三秦出版社 1987 年版。

13. 張國剛：《唐代藩鎮研究》，湖南教育出版社 1987 年版。

14. 郭慶藩：《莊子集解》，中國書店 1988 年版。

15. 陳茂同：《歷代職官沿革史》，華東師範大學出版社 1988 年版。

16. 黃惠賢、李文瀾主編：《古代長江中游的經濟開發》，武漢出版社 1988 年版。

17. 牟發松：《唐代長江中游的經濟與社會》，武漢大學出版社 1989 年版。

18. 諸葛計、銀玉珍：《吳越史事編年》，浙江古籍出版社 1989 年版。

19. 傅璇琮主編：《唐才子傳校箋》，中華書局 1990 年版。

20. 戴偉華：《唐代幕府與文學》，現代出版社 1990 年版。

21. 鄭學檬：《五代十國史研究》，上海人民出版社 1991 年版。

22. 陳鈞等主編：《湖北農業開發史》，中國文史出版社 1992 年版。

23. 周祖譔：《中國文學家大辭典·唐五代卷》，中華書局 1992 年版。

24. 張其凡師：《五代禁軍初探》，暨南大學出版社 1993 年版。

25. 凍國棟：《唐代人口問題研究》，武漢大學出版社 1993 年版。

26. 劉俊文主編：《日本學者研究中國史論著選譯》，中華書局 1992 年版。

27. 任爽：《南唐史》，東北師範大學出版社 1995 年版。

28. 梅莉：《兩湖平原開發探源》，江西教育出版社 1995 年版。

29. 吳庚輝、董乃斌主編：《唐代文學史》，人民文學出版社 1995 年版。

30. 朱玉龍：《五代十國方鎮年表》，中華書局 1997 年版。

31. 諸葛計、銀玉珍：《閩國史事編年》，福建人民出版社 1997 年版。

32. 陳尚君：《唐代文學叢考》，中國社會科學出版社 1997 年版。

33. 傅璇琮主編：《唐五代文學編年史（第五卷）》，遼海出版社 1998 年版。

34. 孔範今主編：《全唐五代詞釋注》，陝西人民出版社 1998 年版。

35. 陳戌國：《中國禮制史·隋唐五代卷》，湖南教育出版社 1998 年版。

36. 李文瀾：《湖北通史·隋唐五代卷》，華中師範大學出版社 1999 年版。

37. 黃仁宇：《赫遜河畔談中國歷史》，三聯書店 1999 年版。

38. 何炳棣著，葛劍雄譯：《明初以降人口及其相關問題：1368～1953》，三聯書店 2000 年版。

39. 吳松弟：《中國人口史（第三卷）》，復旦大學出版社 2000 年版。

40. 劉尊明：《唐五代詞史論稿》，香港文化藝術出版社 2000 年版。

41. 魯西奇：《區域歷史地理研究：對象與方法——漢水流域的個案考察》，廣西人民出版社 2000 年版。

42. 鄒勁風：《南唐國史》，南京大學出版社 2000 年版。

43. 楊果：《宋代兩湖平原地理研究》，湖北人民出版社 2001 年版。

44. 杜文玉：《南唐史略》，陝西人民教育出版社 2001 年版。

45. 譚興國：《蜀中文章冠天下——巴蜀文學史稿》，四川人民出版社 2001 年版。

46. 石雲濤：《唐代幕府制度研究》，中國社會科學出版社 2001 年版。

47. 凍國棟：《中國人口史（第二卷）》，復旦大學出版社 2002 年版。

48. 武建國：《五代十國土地所有制研究》，中國社會科學出版社 2002 年版。

49. 何勇強：《錢氏吳越國史論稿》，浙江大學出版社 2002 年版。

50. 王仲犖：《隋唐五代史》，上海人民出版社 2003 年版。

51. 張澤咸：《漢晉唐時期農業》，中國社會科學出版社 2003 年版。

52. 張興武：《五代藝文考》，巴蜀書社 2003 年版。

53. 任爽：《十國典制考》，中華書局 2004 年版。

54. 魯西奇等：《漢水中下游河道變遷與堤防》，武漢大學出版社 2004 年版。

55. 羅慶康：《馬楚史研究》，湖南人民出版社 2004 年版。

56. 呂思勉：《隋唐五代史》，上海古籍出版社 2005 年版。

57. 杜文玉：《五代十國制度研究》，人民出版社 2006 年版。

58. 鄧小南：《祖宗之法——北宋前期政治述略》，三聯書店 2006 年版。

59. 徐曉望：《福建通史·隋唐五代卷》，福建人民出版社 2006 年版。

60. 房銳：《孫光憲與〈北夢瑣言〉研究》，中華書局 2006 年版。

61. 任爽主編：《五代典制考》，中華書局 2007 年版。

62. 何忠禮：《宋代政治史》，浙江大學出版社 2007 年版。

63. 嚴耕望：《唐代交通圖考》，上海古籍出版社 2007 年版。

64. 王鳳翔：《晚唐五代秦岐政權研究》，三秦出版社 2009 年版。

65. 李裕民：《北漢簡史》，三晉出版社 2010 年版。

66. 陳欣：《南漢史稿》，廣東人民出版社 2010 年版。

另，論文中古今地名對照，主要依據史為樂主編《中國歷史地名大辭典》（中國社會科學出版社 2005 年版）一書，謹此說明。

三、今人論文目錄

1. 聶崇岐：《論宋太祖收兵權》，《燕京學報》1948 年第 34 卷，收入氏著《宋史叢考》，中華書局 1980 年版。

2. 游修齡：《西漢古稻小析》，《農業考古》1981 年第 2 期。

3. 李伯重：《我國稻麥復種制產生於唐代長江流域考》，《農業考古》1982 年第 2 期。

4. 徐明德：《論周世宗的改革及其歷史意義》，《杭州大學學報》1983 年第 1 期。

5. 林立平：《唐代主糧生產的輪作復種制》，《暨南學報》1984 年第 1 期。

6. 唐兆梅：《簡論周世宗》，《文史哲》1984 年第 3 期。

7. 張其凡師：《五代政權遞嬗之考察——兼評周世宗的整軍》，《華南師範大學學報》1985 年第 1 期。

8. 王廣武：《長江中游地區在唐代的政治地位》，《研究集刊》1985 年第 1 期；轉引自李文瀾《湖北通史·隋唐五代卷》，華中師範大學出版社 1999 年版。

9. 錢超塵：《高繼沖及其所獻〈傷寒論〉考略》，《中國醫藥學報》1986 年第 1 期。

10. 莊學君：《孫光憲生平及其著述》，《四川師範大學學報》1986 年第 4 期。

11. 朱巨亞：《淺析荊南政權存在的原因》，《蘇州科技學院學報》1987 年第 3 期。

12. 唐啓淮：《郭威改革簡論》，《湘潭大學學報》1988 年第 3 期。

13. 王力平：《唐肅、代、德時期的南路運輸》，載《古代長江中游的經濟開發》，武漢出版社 1988 年版。

14. 胡戟：《李皐與江陵創造的唐代糧食單產記錄》，載《古代長江中游的經濟開發》，武漢出版社 1988 年版。

15. 孫繼民：《關於唐代長江中游人口經濟區的考察》，載《古代長江中游的經濟開發》，武漢出版社 1988 年版。

16. 單子敏：《論周世宗改革》，《遼寧大學學報》1988 年第 4 期。

17. 宋嗣軍：《五代時期南平立國原因淺析》，《湖北師範學院學報》1990 年第 3 期。

18. 劉永平：《郭威改革述論》，《徐州師範大學學報》1992 年第 1 期。

19. 趙永春：《周世宗改革的歷史經驗》，《吉林師範大學學報》1992 年第 3 期。

20. （日）内藤湖南：《概括的唐宋時代觀》，見劉俊文主編：《日本學者研究中國史論著選譯（第一卷）》，中華書局 1992 年版。

21. （日）宮崎市定：《東洋的近世》，見劉俊文主編：《日本學者研究中國史論著選譯（第一卷）》，中華書局 1992 年版。

22. 楊光華：《前蜀與荊南疆界辯誤》，《西南師範大學學報》1993 年第 4 期。

23. 杜文玉：《晚唐五代都指揮使考》，《學術界》1995 年第 1 期。

24. （日）岡田井吉、郭秀梅《高繼沖本〈傷寒論〉與〈永類鈐方·傷寒論〉》，《吉林中醫藥》1995 年第 1 期。

25. 黃曉華：《後周世宗改革瑣議》，《蘇州大學學報》1995 年第 3 期。

26. 張家炎：《復合農業——認識中國傳統農業的新視野》，《農業考古》1995 年第 3 期。

27. 曾國富：《五代南平史三題》，《中國史研究》1996 年第 1 期。

28. 楊果：《唐、五代至北宋江陵長江堤防考》，《中國歷史地理論叢》1999 年第 2 期。

29. （日）宮澤知之：《唐宋社會變革論》，《中國史研究動態》1999 年第 6 期。

30. 何忠禮：《宋代户部人口統計考察》，《歷史研究》1999 年第 4 期。

31. 馮培紅：《唐五代歸義軍節院與節院使考略》，《敦煌學輯刊》2000 年第 1 期。

32. 程民生：《宋代家庭人口數初探》，《浙江學刊》2000 年第 2 期。

33. 張其凡師：《關於「唐宋變革期」學說的介紹與思考》，《暨南學報》2001 年第 1 期。

34. 趙瑤丹：《宋代戶籍制度和人口數問題研究綜述》，《中國史研究動態》2001 年第 1 期。

35. 田道英：《齊己行年考述》，《天津大學學報》2001 年 3 期。

36. 吳麗娛：《試論晚唐五代的客將、客司與客省》，《中國史研究》2002 年第 4 期。

37. 曾育榮：《後周太祖郭威內政改革瑣論》，《湖北大學學報》2003 年第 3 期。

38. 曾育榮、葛金芳師：《後周太祖、世宗懲治官員考析》，載《歷史文獻與傳統文化》（第 10 輯），蘭州大學出版社 2003 年版。

39. 李華瑞：《20 世紀中日「唐宋變革」觀研究述評》，《史學理論研究》2003 年第 4 期。

40. 趙曉蘭：《孫光憲江南、湖湘之行考述》，《四川師範大學學報》2004 年第 4 期。

41. 鄧躍新、劉杼：《齊己〈白蓮集〉與中晚唐詩禪境界》，《湖南科技大學學報》2004 年第 3 期。

42. 房銳、蘇欣：《梁震生平事跡考》，《西華大學學報》2005 年第 2 期。

43. 張國剛等：《「唐宋變革」與中國歷史分期問題》，《史學集刊》2006 年第 1 期。

44. 張國剛等：《「唐宋變革」的時代特徵》，《江漢論壇》2006 年第 3 期。

45. 曾育榮、張其凡師：《談談高氏荊南國史研究》，《湖北大學學報》2006 年第 3 期。

46. 曾育榮：《五代十國時期歸、峽二州歸屬考辨》，《湖北大學學報》2008 年第 3 期。

47. 曾育榮：《關於高氏荊南時期的人口問題》，載《荊楚文化與湖北人文精神》，湖北人民出版社 2009 年版。

48. 曾育榮：《高氏荊南藩鎮使府幕職、僚佐考》，載《記憶·歷史·文化》第 3 輯，中國地質大學出版社 2010 年版。

49. 張躍飛：《唐五代時期的江陵城》，《南都學壇》2010 年第 2 期。

50. 張躍飛：《五代荊南政權研究》，北京師範大學 2010 年博士論文。

51. 曾育榮：《事大稱臣：高氏荊南立國之基調》，載《記憶·歷史·文化》第 5 輯，湖北人民出版社 2012 年版。

52. 曾育榮、伍松：《五代宋初荊門軍考述》，載《荊楚文化與長江文明》，湖北人民出版社 2012 年版。

53. 張躍飛：《高氏荊南入宋縣數考》，載《宋史研究論叢》第 13 輯，河北大學出版社 2012 年版。

54. 張躍飛：《五代十國時期的扞蔽與平衡》，載《唐史論叢》，陝西師範大學出版社 2012 年版。

55. 張曉笛：《高氏荊南軍事地理研究》，華中師範大學 2012 年碩士論文。

附錄一　荊南高氏世系表

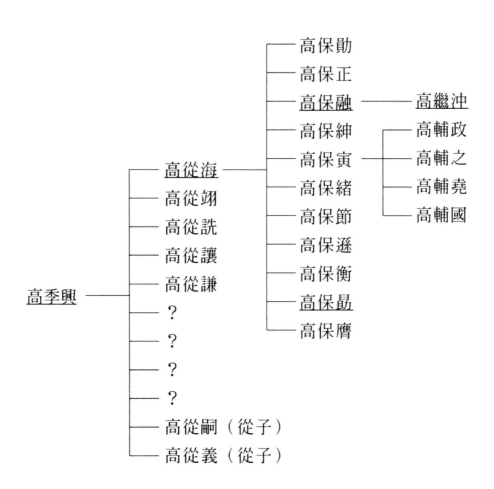

附錄二　高氏荊南大事年表

後梁太祖開平元年丁卯　九〇七年

三月，唐哀帝李柷讓位於梁王朱全忠。

四月，朱全忠稱帝於汴州，國號梁，史稱後梁，改名晃，是為後梁太祖。改元開平。高季昌時任荊南留後。

五月，後梁太祖拜高季昌荊南節度使。高季昌招輯撫綏，流民漸復。進瑞橘數十顆於梁。

六月，武節貞度使雷彥恭聯合楚兵進攻江陵，高季昌屯兵公安，斷敵糧道，打敗雷彥恭所部，楚兵撤退。

九月，雷彥恭攻涔陽、公安，再次被高季昌擊敗。梁太祖令高季昌討伐雷彥恭。

十月，高季昌遣牙將倪可福會同楚將秦彥暉進攻朗州。

後梁太祖開平二年戊辰　九〇八年

四月，淮南將李厚入寇石首，高季昌敗敵於馬頭。

九月，高季昌屯兵漢口，隔斷楚朝貢道路。楚軍於沙頭打敗荊南軍隊，高季昌請和。

十月，梁震歸蜀，經江陵，被高季昌遮留，以白衣從事輔佐荊南高氏。

是歲，後梁加高季昌同中書門下平章事。

後梁太祖開平三年己巳　九〇九年

八月，後梁叛將李洪入侵江陵，被荊南將倪可福率軍擊退。後梁令馬步都指揮使陳暉，會合荊南軍隊，討伐李洪。

是歲，後梁復州轄縣監利割隸荊南荊州。

後梁太祖開平四年庚午　九一○年

六月，楚軍入寇，高季昌敗敵軍於油口，斬首五千級，追逐敵軍至白田而歸。

後梁太祖乾化元年辛未　九一一年

五月，後梁改元乾化。

後梁郢王乾化二年壬申　九一二年

五月，高季昌圖謀割據，大興力役，增修江陵外城，並建雄楚樓、望江樓作爲捍敵之具。

六月，後梁郢王友珪弒父朱晃自立，是爲後梁郢王。

十月，後梁復州割隸荊南。

十一月，吳淮南節度副使陳璋等率軍進攻荊南，荊南將倪可福領兵抵禦。

十二月，高季昌聲言助梁伐晉，進攻襄州，被孔勍擊敗，乃絕貢賦。

後梁末帝乾化三年癸酉　九一三年

正月，後梁郢王改元鳳曆。吳將陳璋攻荊南未果，領兵撤退，夜間突圍而去，荊南、楚軍追趕不及。

二月，後梁末帝朱友貞依靠侍衛親軍奪得帝位，是爲後梁末帝。仍行乾化年號。

八月，後梁賜高季昌爵渤海王。

後梁末帝乾化四年甲戌　九一四年

正月，高季昌欲奪取荊南鎮原管夔、忠、萬、涪四州，率軍進攻前蜀，先以水軍攻夔州，爲前蜀夔州招討副使張武打敗。

八月，前蜀臣僚建議王建乘夏秋江漲，決峽上大堰水淹江陵，被毛文錫諫止。

後梁末帝貞明元年乙亥　九一五年

十一月，後梁末帝改元貞明。

後梁末帝貞明二年丙子　九一六年

是歲，南漢王定保來聘荊南。

後梁末帝貞明三年丁丑　九一七年

四月，高季昌與山南東道節度使孔勍修好，恢復對後梁的朝貢。

是歲，高季昌築高氏堤。

後梁末帝貞明四年戊寅　九一八年

五月，後梁以荊南衙內馬步軍都指揮使、檢校司徒高從誨領濠州刺史。

後梁末帝貞明五年己卯　九一九年

五月，楚軍攻荊南，高季昌向吳求援，吳命鎮南節度使劉信率步兵直趨潭州，武昌節度使李簡指揮水軍進攻復州。楚軍撤退，李簡等進入復州，俘獲知州鮑唐。

是歲，高季昌改建內城東門樓，稱爲江漢樓。又在荊州城東南隅修築仲宣樓。

後梁末帝龍德元年辛巳　九二一年

二月，後梁以荊南節度使、檢校太師、兼中書令、渤海郡王高季昌爲守中書令，依前荊南節度使。

十一月，高季昌派遣倪可福督修江陵外城，季昌巡視後，認爲工程進展太慢，杖之。

是歲，湖南僧齊己在赴蜀途中經江陵，高季昌將其挽留，任爲龍興寺僧正，供給月俸。

後梁末帝龍德二年壬午　九二二年

二月，後梁以高季昌守中書令。

後唐莊宗同光元年癸未　九二三年

四月，晉王李存勗稱帝於魏州，國號唐，史稱後唐，是爲後唐莊宗。改元同光。

十月，莊宗進入汴州，後梁滅亡，定都洛陽。高季昌爲避後唐廟諱，更名「季興」。值莊宗下詔慰諭藩鎮，高季興朝於洛陽。

十一月，後唐以高季興依前檢校太師、守中書令，餘如故。在洛陽期間，莊宗曾問伐蜀、伐吳何者爲先，高季興以伐蜀爲先作答。莊宗身邊伶官屢屢勒索高季興，高季興不滿。在郭崇韜的勸說下，莊宗厚禮遣歸高季興。高季興狼狽而返。

十二月，高季興返回江陵，修繕城池，積聚糧草，招納後梁舊部，預做戰守準備。

是歲，高季興改修天皇寺。荊南所轄復州隸入後唐。

後唐莊宗同光二年甲申　九二四年

三月，後唐以高季興依前檢校太師、兼尚書令，進封南平王。高季興命畫工將高駢從弟高驤像畫於愚亭，愚亭由此而亦稱高氏亭。

五月，後唐復州割隸荊南。

後唐莊宗同光三年乙酉　九二五年

九月，莊宗任命高季興為西川東南面行營招討使攻蜀，許其取夔、忠、萬、歸、峽五州為巡屬。

十月，高季興率領水軍攻打施州。前蜀將張武仍以鐵鎖隔斷大江，並打敗荊南軍隊。

十一月，後唐滅亡前蜀。

後唐明宗天成元年丙戌　九二六年

三月，高季興表請夔、忠等州及雲安監割隸本道。後唐莊宗應允，但未下詔。

四月，後唐莊宗被殺。後唐蕃漢馬步軍總管、鎮州節度使、中書令李嗣源即位，是為後唐明宗。改元天成。梁震推薦孫光憲入幕，高季興任為掌書記。高季興欲攻楚，被孫光憲制止。

六月，後唐明宗以荊南節度使、檢校太師兼尚書令、南平王高季興，加守太尉兼尚書令。高季興通過奏請獲夔、忠、萬、歸、峽五州。

八月，高季興請求後唐不除峽內三州刺史，擬任以子弟，未得後唐明宗許可。

後唐明宗天成二年丁亥　九二七年

二月，高季興趁夔州刺史罷官之機，遣兵突入州城。高季興又遣兵襲後唐涪州，不克。後唐明宗下制削奪高季興官爵，令山南東道節度使劉訓、東川節度使董璋與楚軍，三面進攻荊南。

三月，後唐將劉訓率兵至荊南。楚軍屯岳州。高季興堅壁不戰，求救於吳，吳派水軍前來援助。

四月，後唐軍隊久攻荊南不下。明宗下詔催戰，又派遣樞密使孔循至前線，制訂攻戰方略。

五月，後唐樞密使孔循至前線，仍無法攻下江陵。孔循派人進城勸說高季興歸降，高季興出語不遜，其子高從誨切諫，高季興仍不聽。後唐明宗又

派遣宣徽使張延朗徵調郡縣糧食，運赴江凌城下。後唐明宗下令撤回征伐荊南的軍隊。高季興擒楚貢使史光憲及後唐賜物，請求稱臣於吳，遭拒絕。荊南所轄復州隸入襄州。

六月，因征荊南無功，後唐將領劉訓責授檢校右僕射、守檀州刺史。後唐夔州刺史西方鄴打敗荊南軍隊，收復夔、忠、萬三州。

九月，高季興遣使持書乞修貢奉於後唐，明宗詔令不納。

是歲，荊南置荊門軍於當陽縣。

後唐明宗天成三年戊子　九二八年

二月，吳遣使貢獻於後唐，因吳與荊南關係密切，明宗不納其使。後唐寧江軍節度使西方鄴攻拔歸州；未幾，荊南復取之。

三月，楚馬殷奉後唐之命，率軍親征荊南，在劉郎洑大敗荊南軍隊，高季興請和，歸還楚使史光憲及後唐賜物。

四月，吳軍欲於荊江口會同荊南軍隊，進攻楚岳州，被楚軍擊敗，吳軍大敗而歸。

六月，高季興以荊、歸、峽三州稱臣於吳。楚將許德勳率兵攻荊南，次沙頭，高季興從子高從嗣被楚將拉殺，季興請和。

七月，因勸明宗將夔、忠、萬等州割隸荊南，後唐門下侍郎豆盧革、同中書門下平章事韋說獲罪，皆被賜死。

九月，後唐明宗詔徐州節度使房知溫兼荊南行營招討使，知荊南行府事。高季興見其兵少，欲出城迎敵，被梁震制止。荊南在白田打敗馬楚軍隊，活捉楚岳州刺史李廷規，送往吳國扣押。

十一月，後唐忠州刺史王雅取歸州。

十二月二十四日，高季興寢疾，命其子行軍司馬、忠義節度使、同平章事高從誨權知軍府事。

二十五日，季興卒，年七十一。吳以高從誨爲荊南節度使兼侍中。

後唐明宗天成四年己丑　九二九年

四月，楚軍在石首打敗荊南軍隊。

五月，高從誨遣使聘於楚，楚王馬殷爲其向明宗求情。後唐襄州安元信奏，高從誨乞請歸順後唐。

六月，高從誨上章首罪，乞請重修職貢，並進贖罪銀三千兩。

七月，明宗同意高從誨稱臣請求，授其檢校太傅、兼侍中，充荆南節度使。後唐罷荆南招討使。

十月，明宗下制恢復高季興官爵。

後唐明宗長興元年庚寅　九三〇年

正月，高從誨奏請峽州刺史高季雍、歸州刺史孫文，仍依舊任。後唐明宗從之。後唐追封季興楚王，諡曰武信。

三月，高從誨遣使奉表詣吳，斷絕臣屬關係。吳遣兵攻荆南，無功而返。

十二月，後唐贈高季興太尉。荆南上奏，湖南節度使、楚國王馬殷薨。

後唐明宗長興二年辛卯　九三一年

長興二年正月，後唐明宗制，高從誨落起復，加兼中書令

後唐明宗長興三年壬辰　九三二年

二月，後唐賜高從誨爵渤海王。

六月，荆南奏，西川孟知祥打敗東川董璋。

九月，後唐加高從誨檢校太尉、兼中書令。

十月，荆南與楚並進銀、茶於後唐，乞賜戰馬，後唐明宗退還所進諸物，賜荆南馬二十四。

後唐明宗長興四年癸巳　九三三年

六月，荆南上奏，西川孟知祥大敗東川董璋。

九月，後唐加高從誨檢校太尉、兼中書令。

十一月，後唐明宗卒。

十二月，後唐宋王李從厚即位，是爲閔帝。

是歲，後唐李鏻使楚，至荆南。

後唐末帝清泰元年甲午　九三四年

正月，後唐閔帝改元應順。後唐封高從誨爲南平王。

四月，後唐潞王李從珂即位，是爲後唐末帝。改元清泰。縊殺閔帝。

八月，荆南奏，後蜀孟知祥死，其子孟昶繼位。

後唐末帝清泰二年乙未　九三五年

十月，荆南梁震退隱。

後晉高祖天福元年丙申　九三六年

四月，高從誨遣使勸吳權臣徐知誥即帝位。

十一月，後唐太原節度使石敬瑭稱帝，國號晉，史稱後晉，是爲後晉高祖。改元天福。是月進入洛陽，以爲國都。

（後晉楊昭儉爲高從誨生辰國信使。按，據《宋史》卷269《楊昭儉傳》記其事爲「天福初」，今已難詳知其準確時間，姑附於此。）

後晉高祖天福二年丁酉　九三七年

正月，加高從誨食邑實封，改功臣名號。

六月，後晉以攝荊南節度行軍司馬、檢校太保、歸州刺史王保義加檢校太傅，知武泰軍節度觀察留後，充荊南行軍司馬兼沿淮巡檢使。

九月，高從誨進助國絹五千匹，錦綺一百匹。

十月，吳徐知誥即帝位於金陵，是爲南唐烈祖李昇。改元昇元，國號曰唐，史稱南唐。南唐遣使至荊南，告即位。

十一月，高從誨表請南唐置邸金陵，獲許可。

後晉高祖天福三年戊戌　九三八年

正月，高從誨遣龐守規至南唐，賀即位。

二月，後晉加高從誨食邑實封。

三月，荊南孫光憲作《白蓮集序》。

七月，高從誨本貫汴州濬義縣王畿鄉被後晉表節東坊，改爲擁旄鄉俗風里。

十月，後晉遷都汴州。

是歲，後晉王仁裕出使荊南。

後晉高祖天福五年庚子　九四〇年

是歲，後晉陶穀爲高從誨生辰國信使。

後晉高祖天福六年辛丑　九四一年

四月，後晉山南東道節度使安從進謀反，派人向荊南請求援助，高從誨拒絕與其同謀，遭安從進誣奏，高從誨遂採納行軍司馬王保義建議，向後晉朝廷上奏安從進反狀，且表示願出兵相助晉軍平叛。

十二月，後晉出兵討伐安從進，並令荊南出兵援助。高從誨派遣水軍都指揮使李端率領水軍抵達南津。

後晉高祖天福七年壬寅　九四二年

六月，後晉高祖卒。齊王石重貴即位，是爲後晉少帝。仍行天福年號。

七月，後晉加高從誨兼尚書令。

八月，後晉襄州安從進舉族自焚。高從誨請求割隸郢州爲屬郡，後晉不許。

九月，高從誨累讓尚書令之命。

是歲，高從誨遣使至後蜀，請翰林待詔李文才畫義興門石筍及其故事。高保寅以蔭授太子舍人。

後晉少帝開運元年甲辰　九四四年

七月，後晉少帝改元開運。

後晉少帝開運三年丙午　九四六年

是歲，後晉張保續出使荊南。

後漢高祖天福十二年丁未　九四七年

正月，高從誨遣使入貢契丹，契丹遣使賜馬。高從誨遣使至河東勸劉知遠即位。

二月，後晉河東節度使劉知遠稱帝於太原，仍用天福年號。

六月，劉知遠至洛陽改國號爲漢，史稱後漢，是爲後漢高祖。後漢遣使告諭荊南。

八月，高從誨派遣水軍數千攻打襄州，被後漢山南東道節度使安審琦擊敗。高從誨又進攻郢州，被刺史尹實打敗。遂與漢絕。

十二月，後漢遷都汴州。

是歲，高從誨賀登極，貢金銀器、絲織品等。後漢田敏使楚，假道荊南。

後漢高祖乾祐元年戊申　九四八年

正月，後漢高祖改元乾祐。

二月，後漢高祖卒，周王承祐繼位，是爲後漢隱帝。仍行乾祐年號。

四月，高從誨欲攻郢州。

六月，高從誨進貢器物，上表稱臣於後漢。

十一月，高從誨卒，年五十八。後漢詔贈尚書令，諡曰文獻。

十二月，後漢授高保融荊南節度使、檢校太尉、同平章事、渤海郡侯。

是歲，後漢以荊南行軍司馬、武泰軍節度留後王保義爲檢校太尉，領武

泰軍節度使，行軍如故。高從誨遣人押送朗州馬希萼奏事官沈從進至京師，乞加恩命。葬高從誨於龍山。後漢郭允明來使。

後漢隱帝乾祐二年己酉　九四九年

十月，後漢加高保融檢校太師、兼侍中。

十二月，後漢隱帝敕令：故荊南節度使、南平王高從誨宜令太常定諡。

後漢隱帝乾祐三年庚戌　九五〇年

十月，湖南馬希廣遣使上章，稱荊南、淮南、廣南聯合出兵，欲分割湖、湘，請求後漢出兵援助。

十一月，後蜀施州刺史田行皋奔荊南，高保融歸之於後蜀。

十二月，後漢樞密使、鄴都留守、兼天雄軍節度使郭威，奪取後漢政權。荊南奏，朗州節度使馬希萼縊殺潭州節度使馬希廣，統治湖南。

後周太祖廣順元年辛亥　九五一年

正月，後漢樞密使郭威登基，建立後周，是爲後周太祖。改元廣順。高保融表賀登極，貢獻器物。後周晉封高保融渤海郡王，王易、景範發冊，仍賜禮服、冠劍。荊南奏，湖南內亂。

十月，荊南奏，湖南大亂。再奏，淮南遣將入岳州。

十一月，荊南奏，淮南將邊鎬率軍趨潭州，馬希崇歸降。

是歲，高保勖加檢校太傅，充荊南節度副使。

後周太祖廣順二年壬子　九五二年

十一月，荊南奏，朗州大將劉言至潭州，淮南官兵撤出湖南。

後周太祖廣順三年癸丑　九五三年

六月，高保融遣使上貢。

後周太祖顯德元年甲寅　九五四年

正月，後周太祖郭威卒，晉王柴榮繼位，是爲後周世宗。仍行顯德年號。後周封高保融南平王。

七月，高保融加守中書令。

十一月，後周以荊南節度副使、歸州刺史高保勖爲寧江軍節度使、檢校太尉，充荊南節度行軍司馬。

是歲，高保融修江陵大堰，改名爲北海。

後周世宗顯德三年丙辰　九五六年

二月，荊南上貢。荊南奏，潭州周行逢入據朗州。

後周世宗顯德四年丁巳　九五七年

二月，後周征南唐。

後周世宗顯德五年戊午　九五八年

三月，高保融派遣指揮使魏璘帥水軍至鄂州，援助後周伐南唐。後周取得南唐江北之地後，世宗命荊南罷兵。

五月，南唐元宗李璟稱臣於後周。後周世宗獲高保融勸南唐稱臣於周的表箋，賜荊南絹。

六月，高保融遣使勸後蜀稱藩於周，後蜀後主孟昶回報，後周不答其稱臣之書。

十月，高保融再勸後蜀稱臣於周，蜀主拒絕。高保融奏，願以水軍趣三峽，援助後周伐蜀。世宗詔褒之。

後周世宗顯德六年己未　九五九年

六月，後周世宗卒，梁王柴宗訓繼位，是爲後周恭帝。

八月，高保融加守太保。

是歲，高繼沖以蔭授檢校司空。高保融又奏授高繼沖爲節度副使。

宋太祖建隆元年庚申　九六〇年

正月，後周殿前都點檢趙匡胤建立北宋，是爲宋太祖。改元建隆。宋加高保融守太傅。

八月，高保融卒，年四十一。亦葬龍山鄉，宋冊贈高保融太尉，諡貞懿。高保融弟高保勗權知軍府事。

是歲，葬高保融於龍山鄉。

宋太祖建隆二年辛酉　九六一年

九月，宋拜高保勗荊南節度使。

是歲，高保寅出使宋，被授掌書記。返荊南時，宋太祖令高保勗決去北海。

宋太祖建隆三年壬戌　九六二年

十一月，高保勗卒，年三十九。

是歲，高保勗病重之際，以侄高繼沖爲節度副使、權知軍府事。

宋太祖乾德元年癸亥　九六三年

正月，宋盧懷忠出使荊南。宋太祖定下假道荊南之策。宋太祖詔荊南派遣三千水軍至潭州。宋以荊南節度副使、權知軍府事高繼沖爲荊南節度使。宋太祖下詔制止高繼沖向百姓預徵錢帛。高繼沖重用孫光憲、梁延嗣二人，分別管理民政與軍政。

二月，宋軍假道荊南，高繼沖納土歸降於宋。荊南節度使高繼沖獻錢、絹、布等，並上貢。

四月，荊南節度使高繼沖進助宴錢物。荊南高保紳等九人入朝。

五月，荊南節度使高繼沖獻伶官。

十一月，荊南節度使高繼沖入朝。宋授高繼沖徐州大都府長史、武寧軍節度使、徐宿觀察使。

後　記

　　呈現在讀者面前的這部著作，其前身是筆者攻讀中國古代史專業宋代史方向博士研究生的學位論文，原題即《高氏荊南史稿》，撰成於 2008 年的三四月份，導師是暨南大學古籍所的張其凡教授。

　　論文選題的確立，則是師從張先生之前，事情還得從讀碩士研究生時說起。

　　上世紀 90 年代末，筆者對本科畢業留校從事六年之久的行政工作，心生厭倦，轉而渴望成爲一名「事上不回邪，居下不諂佞」、肩負「傳道授業解惑」重任的專職教師，遂於 1999 年投入同在湖北大學人文學院工作的宋史專家葛金芳教授門下，在職攻讀中國古代史專業的碩士學位。其實，筆者與葛師之間的師生緣份肇始於本科階段。早在大一學年下學期的四月份，筆者即曾聆聽葛師的授課。雖說僅僅一節課而已，但葛師的講授至少十餘次爲掌聲打斷，反響異常熱烈，留給本班同學的印象格外深刻。後來，出於特殊原因，大學餘下的三年，葛師再未爲我們這一屆歷史專業的學生上課，這也成爲我班同學大學四年的遺憾之一。這次「回爐」，至少彌補了筆者個人大學期間的上述缺憾。

　　葛師以思維活躍、邏輯嚴密、理論堅實和辨才無礙獨步學界，專長則是經濟史，尤其是關於宋代土地政策、賦役制度等方面的諸多探討，富含創見，影響深廣。本人對葛師專擅的經濟史領域並無特別偏好，卻對政治史頗爲敏感，起初關注的是五代宋初的政治轉軌歷程。由於其時成家未久，諸事叢脞，加以受限於朝八晚五的坐班制，整天陷入瑣碎的行政事務而難以自拔，讀書時間少得可憐，學業進展不如人意。葛師向來有嚴師之稱，儘管於我三令五申，多次「查崗」，乃至凌晨打電話督促學業，但見我分身乏術，故網開一面，

許以「五季宋初政治變革及其演進趨勢論析」爲碩士論文題目。其間，葛師數次改易拙文草稿的嚴謹與嚴格，迄今仍歷歷在目。當年葛師批改得密密麻麻的碩士論文原稿，本人也一直珍藏，每次打開，心底總會湧出莫名的感動和無比的崇敬之情。

碩士畢業，筆者順利轉崗，完成了從行政人員至專業教師的蛻變，讀書思考的時間驟然增多，關於學術的體認日益豐富、深入，對於五代十國史的興趣則愈加濃厚。通過閱覽學界成果，筆者發現，南方九國之一、割據於今湖北境內區域性政權的高氏荆南（亦稱「南平」），尚未引起學人足夠關注，屈指可數的幾篇論文僅能揭示該政權的若干側面，仍有不少值得深入挖掘的空間。並且，20 世紀 80 年代以後，湧現出多部研究其時南方其他割據政權的專著，相較而言，高氏荆南的探討總體上稍嫌沉寂。但上述情形，又與高氏荆南所在區位及其在歷史進程中發揮的作用、地位不太相稱。高氏荆南地處長江中游江漢平原的腹心及其西緣，自然資源豐富，交通條件得天獨厚，與南北政權聯繫廣泛，互動頻繁，是其時多元政治格局中的重要一極，在分裂割據及重歸統一進程中扮演舉足輕重的角色。故而，筆者認爲，勾勒高氏荆南的歷史輪廓，全面反映該政權的歷史面貌，重新客觀評價該政權的歷史地位，既有相當必要，又是一名湖北本土學人責無旁貸的任務。萌生上述想法後，筆者就開展課題研究所涉及的文獻與初步的研究構想，專門請教葛師。葛師不僅高度認可該選題，並建議申報 2004 年的校級課題。趁熱打鐵，筆者以「高氏荆南國史研究」爲名的課題，於當年 9 月被湖北大學立項，獲得了校級經費資助，該項研究自此正式起步。

次年筆者進入暨南大學中國文化史籍研究所攻博，開學之初即向張師稟報有意從事高氏荆南史研究的計劃，並擬以之作爲博士論文選題。張師早年曾傾力於五代史研究，在人物、兵制方面造詣尤深，治學則謹守考據路數，深得新會陳氏真傳。筆者的上述意圖，與張師不謀而合，故而得到先生極力支持，但希望我能先期協助完成增補陶懋炳先生《五代史略》的工作。因此，筆者在暨大課業之餘的首要任務，是與張師合作增補《五代史略》，直至 2007年底，此項工作才告完成。該項成果於 2009 年 3 月，由人民出版社以《中國歷史·五代史》爲書名出版。

《五代史略》增補竣工，距離正常畢業已經不足一年時間，博士論文的撰寫遂上升爲頭等大事。所幸兩項研究存在密切的互補關係，前者爲後者拓

寬了視野，有利於從全局的高度考察高氏荊南政權的特點，審視其在多元互動格局中的作用；後者則爲前者提供了諸多實在典型的例證，是解讀五代十國史的必要構成。正因如此，筆者在進行《五代史略》增補工作的同時，關於高氏荊南的材料也在緊鑼密鼓地搜集之中。幾年以來，零散抄錄的純手工卡片，竟然裝滿了一個容量頗大的筆記本電腦專用包，僅將所有卡片輸入電腦，就耗時十餘天，材料的數量遠遠超出筆者最初之想像。在一般人的印象中，專門記載高氏荊南的存世文獻數量並不太多，歷代史家對於高氏荊南的評價又往往偏低，因而此前的博士論文開題報告會上，答辯組即有先生擔心受制於材料，論文篇幅恐不足以達到規定標準。後來的事實證明，系統搜集傳世文獻中的零星材料，集腋成裘，確乎不少，總體上可以滿足研究高氏荊南史的需要。

得益於前期搜集的材料相較豐盈，和對相關問題的長久關注與思索，接下來的寫作相對輕鬆。論文動筆之前，筆者曾就全文架構與內容安排，專門徵求張師意見。張師在文章的謀篇布局，諸如政治、軍事與外交關係的處置，文、武臣僚的考察與對比，大事年表的整理方面，都給予了切實的指導。張師還特別強調，從節約時間的角度出發，寫作時可不必按照原有提綱，從第一章依次寫到第八章，而應根據作者對章節的熟悉、認識程度及實際的難易狀況，遵循先易後難的原則，優先寫出認識體會較深、把握較大的相關內容，然後逐次解決相對困難的章節，待所有章節完成，再重新審讀和加以調整；並且每寫完一章，即盡快提交其修改。後來的論文寫作，遵照的就是張師的上述意見。初稿的撰寫異常忙碌，可謂通宵達旦，日夜兼程。與筆者初稿的寫作同步，張師的審稿也在加速向前推進。迨至初稿完成，張師的批改也已接近尾聲。論文送審之後，匿名專家一致通過，給出的等級均爲 A。其後的答辯委員會，則由華南師範大學歷史系的陳長琦教授、王棣教授，中山大學歷史系的曹家齊教授，暨南大學歷史系的吳宏岐教授和古籍所的范立舟教授（現供職於杭州師範大學國學院）五位先生組成。與會專家對拙文提出了許多中肯的批評意見，筆者對此一直心存感念。承蒙各位與會專家的擡愛，論文答辯的最終成績評定爲優。

回首往事，論文脫稿、答辯和博士畢業，距今已逾六載。當初也絕未料到，論文的出版竟會延宕至今。其間固然有選題窄狹、受制於人等因素使然，更多則與個人稟性有關。許是出身農家的樸實愚鈍所致，筆者一直以爲，學

者必須純粹和獨立，學術研究應與世俗性、功利性劃清界限，因為學術是一種追求，一種境界，一種超越人生世界的名山事業，容不得絲毫的虛偽和做作，亦與名氣、地位、利益了不相涉，倘若以之為敲門磚，為職稱、待遇而奴顏媚骨、趨炎附勢，無啻於是在糟蹋學問，其性質與商販之逐利並無二致。基於以上偏執，筆者不願通過個人出資出版書籍的方式包裝自我，又因申請湖北省社科基金、教育廳重大項目而屢屢碰壁，還有就是個人不肯拉下臉面請求薦託，以致論文塵封數年。在此期間，張師曾不下十餘次催促筆者，希望拙文早日出版，並且主動聯繫出版社，爭取付梓機會。但均因個人的懈怠，不了了之。行文至此，念及張師的關愛之情、提攜之心，筆者不禁眼眶發熱，感慨萬千，自然也有愧對先生厚愛的歉疚。至於拙作此次能入選臺灣花木蘭文化出版社的「古代歷史文化研究輯刊」刊印，也是張師力薦的結果。

　　毫無疑問，一部著作的問世，總是令作者感到慶幸，這是自己學術生涯中值得珍視的一個標記。博士畢業以後，筆者曾數次重新翻閱文本，續有訂正；此次付梓前，筆者又在內容表述、論文規範及文獻注釋方面，稍作增補和修正，但就總體而言，仍舊大致維持了文章的原貌。如此處理的主要原因在於：一是希望能真實再現博士生階段的學術水平。「學如積薪，後來者居上」，昔日的幼稚、疏誤，乃至偏頗，是學術成長中的常態，也是學術邁向更高境界必須付出的代價。作者如果有意掩蓋、遮蔽學生時代的失誤，顯然是對學術缺乏敬畏的表現。二是藉此表達對博士生研習經歷的眷戀之情。筆者是在人生的第三個本命年躋身張師門下攻博的，因係在職學習，原單位尚有教學、科研考覈任務需要完成，故在暨大生活、求學的確切時間，首尾不過一年半。然而此一期間，又是背井離鄉，闊別妻兒老小的時段，脫離了家庭瑣事的羈絆，反倒能心無旁鶩地專注於學業。身處暨大的日子，既有業師的悉心指點和關照，又有同門間的相互切磋與促進，還有終日埋首於故紙堆中的「獨樂」，請益於前賢時哲的虔敬，凡此種種，莫不令人心馳神往，追想無及。博士論文的整舊如舊，也就相當程度上寄寓了作者對那段難忘時光的懷念。三是學術興趣的轉換。近年筆者在學術上見異思遷，「移情別戀」，將視野聚焦於宋代史，對於五代十國史的關注度明顯有所下降。職此之故，這本奉獻給讀者諸君的著作，本質上與當年的博士論文如出一轍，在文本面貌上幾無區別。雖說「文章千古事，得失寸心知」，但「學術乃天下之公器」，關於本書優劣短長的價值評判，尚待博雅君子秉筆直書，有以教我。

　　最後，要藉此機會對家父母、岳父母和妻兒表達特別的感謝，來自他們的生養、體恤、理解、支持與配合，是筆者走向成人，完成大學夢想並繼續深造的重要支撐，也是論文順利完成和筆者多年清靜堅守學術的重要因素，更是筆者對人生和理想保持恒久動力的重要源泉，值得一輩子珍惜。

　　以此爲記。

曾育榮

二○一四年九月十四日識於武漢青山雅苑